Lo que la gente dice sobre
Sopa de pollo para el alma de la pareja...

"Todas las parejas deberían leer *Sopa de pollo para el alma de la pareja*. Se inspirarán, se entretendrán, aprenderán a comprenderse mejor y terminarán sintiéndose más enamoradas que nunca antes".

Marie Osmond
anfitriona del programa de televisión
Donny & Marie y cofundadora de
Children's Miracle Network

"El mundo necesita más amor, y *Sopa de pollo para el alma de la pareja* nos ofrece un hermoso panorama de la diferencia que puede producir el amor en nuestras vidas".

Deepak Chopra, doctor en medicina
autor de *The Path of Love* y director educativo de
The Chopra Center of Well Being

"En este libro el amor hará que su corazón cante. Lo recomiendo enormemente".

Susan Jeffers, doctora en filosofía
autora de *Opening Our Hearts to Men*

"*Sopa de pollo para el alma de la pareja* es la colección más conmovedora de relatos sobre amor, romance y relaciones escrita en muchas décadas. Elevará el ánimo de los lectores de cualquier edad. Ya sea que usted esté enamorado o todavía tenga que encontrar a ese alguien especial, se sentirá transportado a nuevas alturas por las cálidas y sensibles experiencias románticas en estas páginas".

Terry M. Walker
editor de la revista *American Bride*

"¡Qué agradable es sentarse a leer algo que en verdad es bueno para uno! Mi esposa y yo sabemos que nuestro matrimonio es para toda la vida y nos sentimos reconfortados al leer sobre otros que piensan igual que nosotros. Gracias por recopilar tantos maravillosos relatos que muestran las altas y las bajas, las tribulaciones y las recompensas del matrimonio. Nuestros tres hijos también se los agradecen".

John R. Schneider
cofundador de Children's Miracle Network
actor en *Dukes of Hazard*

"No olvide llevar un ejemplar de *Sopa de pollo para el alma de la pareja* para leerlo en su luna de miel o en una escapada romántica. Esta maravillosa colección de relatos resulta una excelente lectura para recién casados o para cualquier pareja enamorada".

Adam Sandow
presidente de la revista *Honeymoon*

"Justo cuando pensaba que ya había escuchado todas las proposiciones y declaraciones de amor más románticas, aparece *Sopa de pollo para el alma de la pareja*. ¡Qué relatos tan estimulantes y genuinos para inspirar el romance y para que apreciemos de verdad a nuestros seres más queridos!".

Cynthia C. Muchnick
autora de *101 Ways to Pop the Question* y *Will You Marry Me? The World's Most Romantic Proposals*

SOPA DE POLLO PARA EL ALMA DE LA PAREJA

Relatos inspiradores sobre el amor y las relaciones

Jack Canfield
Mark Victor Hansen
Mark & Chrissy Donnelly y
Barbara De Angelis,
doctora en filosofía

HCI
Español

Un sello de
Health Communications, Inc.
Deerfield Beach, Florida

www.hcibooks.com
www.chickensoup.com

Cada uno de nosotros somos un ángel con una sola ala. Y sólo podemos volar abrazándonos el uno al otro.

Luciano de Crescenzo

De nuestros corazones a los de ustedes,
dedicamos este libro a todo aquel
que ha estado enamorado o
espera volverse a enamorar.

Contenido

3. SOBRE EL COMPROMISO

4. COMPRENSIÓN MUTUA

5. CÓMO VENCER LOS OBSTÁCULOS

6. SOBRE LA FAMILIA

7. LA FLAMA QUE NO CESA DE ARDER

8. AMOR ETERNO

Agradecimientos

Nos tomó más de tres años escribir, recopilar y editar *Sopa de pollo para el alma de la pareja*. Hubo momentos en que fue un maratón, en otros, una carrera corta, pero siempre un trabajo de amor y regocijo. Fue un proceso en el que se establecieron relaciones fuertes y hubo un beneficio inesperado de amistades ya existentes, pero sobre todo, fue un proyecto que no habríamos podido terminar sin la amorosa ayuda de muchas personas. Nos gustaría dar las gracias a las siguientes personas: a Kim Kirberger, cuya experta capacidad para hacer que todo cuadre ayudó a que este proyecto cruzara la fase crucial. Kim, has sido nuestro ángel y siempre agradeceremos tu amistad y amor.

A Patty Hansen, quien nos ayudó a centrarnos y nos hizo recordar los objetivos de *Sopa de pollo*. A Elisabeth y Melanie, gracias por su amor y aceptación.

A Georgia Noble, gracias por recibirnos en tu casa y darnos un apoyo tan cálido y amoroso. A Christopher Canfield, gracias por compartir a tu papá con nosotros.

A Bob Proctor, por proporcionar el ambiente fértil y creativo que nos ayudó a refinar la idea original. Sin ti, esta sería una historia diferente (¡literalmente!).

A John Assaraf, por ser el tronco del exitoso árbol que nos llevó hacia todas las demás ramas.

A Phyllis y Don Garsham, gracias por haber sido en todo momento una fuente de amor incondicional, de inspiración e inquebrantable apoyo.

A Bob y Jan Donnelly, por estar disponibles siempre que los necesitamos, y por ser excelentes padres y buenos amigos.

A Jeanne Neale, por ser una excelente mamá y una muy requerida caja de resonancia. ¡Eres la mejor!

A Hilda Markstaller, por ser la fuente de sabiduría que eres.

A Mac Markstaller, por tu inagotable apoyo en la búsqueda de historias, por tu consistente optimismo y tu incesante fe en que los sueños son posibles y se hacen realidad.

A Alison Betts, por ser tan ingeniosa e incansable para reunir los manuscritos y permisos, y por ser nuestro lazo de comunicación a lo largo del proyecto.

A Patty Aubery, tu apoyo y amistad nos ha significado una fuente de fortaleza e inspiración para que viéramos con claridad este proyecto. Eres una verdadera "todóloga", y la receta del *Sopa de pollo* es excelente porque tú también lo eres. Jeff Aubery, J. T. y Chandler, gracias por su amistad y apoyo.

A Nancy Mitchell, gracias por tu estímulo y dirección de principio a fin. Gracias también por guiarnos a través de las inexploradas aguas del proceso de los permisos.

A Heather McNamara, por tu experta ayuda en guiarnos desde el manuscrito hasta el libro terminado. Gracias por cumplir por nosotros bajo increíble presión. ¡Eres la mejor!

A Leslie Forbes, por ponerte a trabajar vigorosamente cada vez que necesitábamos ayuda, y por todo tu extenuante trabajo cuando los permisos eran "para ayer".

A Verónica Romero, Teresa Esparza y Robin Yerian, por hacer un trabajo tan profesional dirigiendo los Seminarios de Autoestima.

A Ro Miller, por ser la jugadora más importante del equipo. ¿Quién de nosotros se hace cargo de Chandler cuando Patty deja la habitación?

A Lisa Williams y Laurie Hartman, de la oficina de Mark Victor Hansen, por su gran apoyo al proyecto y por guiarnos a través del laberinto.

A todo el personal de Health Communications, nuestra casa editora, por facilitarnos el trabajo que realizamos con ellos y ser tan entusiastas respecto al proyecto. A Peter Vegso, Tom Sand y Terry Burke, por reunir y dirigir un equipo tan maravilloso.

A Christine Belleris, Matthew Diener, Lisa Drucker y Allison Janse por el experto trabajo en la edición del libro. A Larissa Hise, por tu ayuda con el creativo y original diseño de la portada.

A Diana Chapman, tu inagotable apoyo y fe desde el primer día han sido invaluables. Tu amistad y visión nos han mantenido en la dirección correcta y nos han sostenido a través de los inevitables periodos de soledad. Gracias.

A Matt Eggers, Marty Rauch, Chris McDevitt, Amy y Neal Fanelli, James y Sherry Sandford, Lillian y Frank Kew y DeJais Collel, quienes mostraron una verdadera fe desde el inicio. Sus corazones son tan grandes y tan abiertos hacia los demás que, con toda certeza, sus buenas acciones regresarán a ustedes multiplicadas.

A Arielle Ford, por ser un ávido apoyo de este libro. Gracias a ti también, Brian Hilliard.

A Marci Shimoff y Jennifer Hawthorne, extraordinarios coautoras, como nosotros, que nos proporcionaron guía clave y nos beneficiaron con su tremenda experiencia y buena energía. Nos agrada pertenecer al mismo equipo.

A Jann Mitchell, por hacer que rodara la bola con aquel artículo que escribiste hace tres años en *The Oregonian*.

Deseamos enviar nuestro especial agradecimiento a todas las personas que dedicaron horas a leer nuestras doscientas mejores historias, proporcionándonos evaluaciones y valiosa retroalimentación que nos ayudó a seleccionar los relatos finalistas: Bonnie Block, Christine Clifford, Lisa Drucker, Beverly Kirkhart, Peggy Larson, Inga Mahoney, Lillian Wagner, Nancy Mitchell, Robbin O'Neill, Krista Buckner, Diana Chapman, Patrick Collins, Yvonne Fedderson, Dionne Fedderson, Tom Krause, Cristi Leahs, Heather McNamara, Jeanne Neale, Annie Slawik, Jilian West, Lynne Cain, Nance Dheifetz, Cindy Dadonna, Sherry Grimes, Tom Lagana, Laura Lagana, Barbara LoMonaco, Linda Mitchell, Ron Nielsen, Robin Stephens, Karen Lisko, Jean Soberick, Bud Grossmann, el rabino Avi Magid, Robert Shapard, doctor en filosofía, Dr. Ian MacMillan, Robert P.

Barclay, Elizabeth Reveley, Connie Fueyo, Shore Slocum, Randy Heller, Lisa Molina, Barbara Rosenthal, Amy Rosenthal, Debbie Robins, Hubert La Bouillerie, Sharon Dupont y Jean Nero.

Asimismo, queremos expresar nuestro agradecimiento a los cientos y cientos de personas que enviaron historias, cartas, poemas y citas para su posible inclusión en *Sopa de pollo para el alma de la pareja.* Aunque no fue posible usar todo lo que nos enviaron, nos sentimos profundamente conmovidos por su disposición para compartir piezas tan intensas y enternecedoras. Sus sentimientos e intenciones sobre el amor y las relaciones fueron una constante fuente de inspiración para todos nosotros. ¡Gracias!

Debido a la duración y alcance de este proyecto, es probable que hayamos omitido nombres de personas que nos ayudaron a lo largo del trayecto. Si fue así, por favor acepten nuestras disculpas y sepan que las apreciamos.

Estamos en verdad agradecidos a todas las solícitas manos y sinceras intenciones que intervinieron en este proyecto. Sin ustedes no habría sido posible. ¡Los amamos a todos!

Comparta con nosotros

Nos encantaría conocer su reacción ante los relatos de este libro. Por favor háganos saber cuáles fueron sus relatos favoritos y cómo le afectaron.

Asimismo, le invitamos a que nos envíe relatos que le gustaría ver publicados en futuras ediciones de *Sopa de pollo para el alma de la pareja.* Nos puede enviar relatos que usted haya escrito o relatos escritos por otros que le hayan gustado.

Envíe sus propuestas a:

Chicken Soup for the Couple's Soul
P.O. Box 30880
Santa Barbara, CA 93130
fax: 805-563-2945
correo electrónico: *stories@canfieldgroup.com*

También puede visitar la página *Chicken Soup for the Soul* en America Online con la palabra clave: chickensoup.

Esperamos que disfrute la lectura de este libro tanto como nosotros disfrutamos al recopilarlo, escribirlo y editarlo.

Introducción

El amor es la fuerza más poderosa y misteriosa del universo, y en ningún lugar despliega más su belleza y prodigio que en la relación íntima entre dos personas. Escribimos *Sopa de pollo para el alma de la pareja* con la esperanza de capturar ese misterio y prodigio en palabras, palabras que lo conmoverán en lo más profundo de su ser y abrirán su corazón si alguna vez ha estado enamorado o espera enamorarse. Este es un libro para esposos y esposas, para amantes y quienquiera que sueñe en encontrar su verdadera pareja del alma.

Hay amores entre dos personas que perduran a lo largo de toda la vida, otros están destinados a durar únicamente poco tiempo, luego los dos amantes se separan ya sea por voluntad propia o porque el destino así lo marca. Pero una cosa es cierta, no importa el desenlace de una relación, cuando el amor entra en nuestra vida, jamás se aleja sin habernos transformado en lo más profundo de nuestro ser.

Cada relato de este libro fue escrito por alguien a quien el amor transformó. Nosotros nos transformamos cuando leímos estas historias, y nuestro deseo es que usted también se sienta transformado. Tal vez algunos de los relatos le ayuden a renovar el lazo de confianza e intimidad en su relación, o a comprender mejor a su pareja; tal vez otros le ayuden a apreciar todas las formas en las que el amor le ha permitido desarrollarse para convertirse en un mejor ser humano, y todavía otros más le harán recordar y le darán la certeza de que, aunque el amor nos pone a prueba y nos glorifica a cada uno de manera especial, nunca estamos solos en lo que estamos viviendo.

¿Qué es lo que define que una relación sea íntima? ¿Qué señales debemos buscar para descubrir que el amor se está manifestando? Los relatos que usted va a leer dan respuesta ingeniosa y elocuente a estas preguntas. A veces, el amor se revela en el inigualable nivel de comprensión y amistad que compartimos con nuestra pareja y con nadie más. A veces, es en lo que se dice, y en ocasiones, en lo que no se dice pero que se siente profundamente. A veces, es en los obstáculos que tenemos que enfrentar juntos. En ocasiones es en la manera como la alegría que sentimos con nuestra pareja se manifiesta en los hijos y miembros de la familia. Y en ocasiones es a donde la relación nos lleva dentro de nosotros mismos, sitios a los que nunca iríamos de buen grado, pero que por amor somos capaces de alcanzar.

Las relaciones íntimas son asimismo poderosas maestras, como lo ilustran estos relatos con belleza sin igual, que nos enseñan a ser compasivos, atentos e indulgentes. Nos aconsejan cuándo persistir y cuándo ceder. Nos dan la oportunidad de desarrollar grandes virtudes como el valor, la paciencia, la lealtad y la confianza. Cuando lo permitimos, nuestras relaciones nos revelan todo lo que necesitamos para desarrollarnos como personas. Así, el amor no entrará en nuestra vida sin transformarnos para ser mejores.

Hay momentos en que el amor se experimenta como algo cotidiano, como cuando el ser amado lo expresa en una sencilla sonrisa de aceptación. En otros momentos, el amor nos parece en extremo sublime, como cuando nos invita a utilizar nuevas palabras de pasión e identidad que nunca antes conocimos. Como el amor mismo, los relatos en este libro reflejan toda estación y estado de ánimo, así como todos los tintes de la emoción: dulces inicios, intimidad provocativa e intensa, momentos de dolor cuando nos vemos forzados a decir adiós a nuestra pareja del alma, momentos de asombro cuando redescubrimos un amor que pensábamos perdido.

Algunos relatos le harán reír; otros le harán llorar, pero sobre todo, los relatos de *Sopa de pollo para el alma de la pareja* rinden tributo a la capacidad del amor para perdurar más allá de los años, de las dificultades, de la distancia, e incluso de la muerte.

No hay prodigio más grande que el amor; el regalo más precioso que nos puede brindar Dios. Ofrecemos este libro como nuestro regalo para usted, deseando que le abra el corazón, eleve su mente, inspire su espíritu y sea una dulce compañía en la trayectoria de su propio corazón. Que su vida se vea siempre exaltada por el amor.

1

AMOR E INTIMIDAD

El amor es la fuerza más estupenda de todas. Es invisible, no se le puede ver o medir, sin embargo, es lo bastante poderoso como para transformarnos en un instante y ofrecernos más regocijo de lo que cualquier posesión material jamás podría.

Barbara De Angelis, doctora en filosofía

Pensando en ti

*Vivir en los corazones que dejamos atrás
es no morir.*

Thomas Campbell

El rostro de Sophie se desvanecía en la luz invernal y gris de la sala de estar. Dormitaba en el sillón que Joe le había comprado en su cuadragésimo aniversario. La habitación estaba a una temperatura agradable y en silencio. En el exterior caía un poco de nieve.

A la una y cuarto el cartero dio vuelta en la esquina hacia la calle Allen. Se había retrasado en su ruta, no a causa de la nieve, sino porque era día de San Valentín y había más correo que de costumbre. Pasó de largo frente a la casa de Sophie. Veinte minutos después regresó a su camión y se fue.

Sophie se inquietó cuando escuchó que el camión del correo se alejaba, se quitó los anteojos y se limpió la boca y los ojos con el pañuelo que siempre llevaba en la manga. Se levantó apoyándose en el brazo del sillón, se enderezó lentamente y alisó el faldón de su bata de color verde oscuro.

Al arrastrar las pantuflas sobre el piso e ir hacia la cocina, se produjo un tenue sonido. Se detuvo ante el fregadero para lavar los dos platos que había dejado sobre la cubierta al terminar el almuerzo. Después, llenó a medias con agua una taza de plástico y tomó sus píldoras. Era la una cuarenta y cinco.

En la estancia, junto a la ventana del frente, había una mecedora donde Sophie se acomodó. En media hora los niños pasarían por ahí camino a casa al salir de la escuela. Sophie esperó, meciéndose y mirando la nieve.

Como siempre, los niños fueron los primeros en pasar, corriendo y gritando cosas que Sophie no podía escuchar. Hoy, al ir caminando hacían bolas de nieve que se arrojaban unos a otros. Una bola de nieve erró su objetivo y golpeó con fuerza la ventana de Sophie, lo que la hizo retraerse, por lo que la mecedora resbaló del borde de la gastada alfombra ovalada.

Las niñas, en grupos de dos o tres, iban detrás de los niños sin ninguna prisa, cubriéndose la boca con las manos enguantadas y riendo. Sophie se preguntaba si estarían platicando sobre los regalos de San Valentín que habrían recibido en la escuela. Una hermosa niña de largo cabello café se detuvo y señaló la ventana donde Sophie se encontraba mirando. Sophie escondió su rostro detrás de las cortinas, súbitamente cohibida.

Cuando miró de nuevo hacia afuera, los niños y niñas ya se habían alejado. Aunque hacía frío junto a la ventana, se quedó ahí viendo la nieve cubrir las huellas de los niños.

El camión de una florería dio vuelta hacia la calle Allen. Sophie lo siguió con la vista. Avanzaba con lentitud, se detuvo dos veces y arrancó de nuevo, de pronto el conductor se detuvo frente a la casa de la señora Mason, su vecina, y se estacionó.

¿Quién enviaría flores a la señora Mason?, se preguntó Sophie. *¿Su hija de Wisconsin? ¿O su hermano? No, su hermano estaba muy enfermo. Tal vez su hija. Qué amable de su parte.*

Las flores hicieron que Sophie pensara en Joe y, por un momento, dejó que el doloroso recuerdo la invadiera. Al siguiente día sería quince; ocho meses desde su muerte.

El florista tocó la puerta principal de la señora Mason. Llevaba una larga caja blanca con verde y una tablilla sujetapapeles. Nadie parecía contestar. ¡Por supuesto! Era viernes, y la señora Mason hacía colchas en la iglesia los viernes por la tarde. El mensajero miró alrededor y se dirigió hacia la casa de Sophie.

Sophie se levantó de la mecedora y se paró cerca de las cortinas. El hombre tocó. Sus manos temblaron al arreglarse el cabello. Al tercer toque llegó al corredor del frente.

—¿Quién es? —preguntó, atisbando por la puerta entreabierta.

—Buenas tardes, señora —declaró el hombre con voz fuerte—. ¿Podría recibir un envío para su vecina?

—Sí —respondió Sophie, abriendo totalmente la puerta.

—¿Dónde quiere que las ponga? —preguntó el hombre amablemente al entrar.

—En la cocina, por favor, sobre la mesa.

Para Sophie, el hombre parecía enorme. Apenas pudo verle el rostro entre la gorra verde y la barba cerrada. Sophie se alegró de que no se entretuviera, y al retirarse cerró la puerta con llave.

La caja era tan larga como la mesa de la cocina. Sophie se acercó y se inclinó para leer en la etiqueta: "NATALIE, flores para toda ocasión". El rico aroma de las rosas la envolvió. Cerró los ojos y respiró pausadamente, imaginó rosas amarillas. Joe siempre había seleccionado amarillas. "Para mi sol", decía, al presentar el extravagante ramo. Habría reído con deleite, la hubiera besado en la frente para después tomarla de las manos y cantarle "Tú eres mi sol".

Eran las cinco cuando la señora Mason tocó a la puerta de Sophie, quien seguía sentada ante la mesa de la cocina. Sin embargo, la caja de flores estaba abierta y las rosas yacían en su regazo. Mientras se balanceaba, acariciaba los delicados pétalos amarillos. La señora Mason tocó de nuevo, pero Sophie no la escuchó, después de unos minutos la vecina se retiró.

Sophie se levantó un poco después y colocó las flores sobre la mesa de la cocina; sus mejillas estaban enrojecidas. Arrastró una escalera portátil por todo el piso de la cocina y tomó un florero blanco de porcelana del esquinero de arriba. Con un vaso llenó el florero con agua y ahí acomodó con ternura las rosas y las ramas de follaje, luego lo llevó a la estancia.

Sonreía cuando llegó al centro de la habitación. Se giró ligeramente y comenzó a inclinarse y a dar vueltas en pequeños círculos. Sus pasos eran suaves, con gracia, y anduvo por toda la estancia, por la cocina, el corredor, y de regreso. Bailó hasta que se le debilitaron las piernas, luego cayó en el sillón y se quedó dormida.

A las seis y cuarto Sophie despertó de golpe. Esta vez alguien tocaba la puerta de atrás. Era la señora Mason.

—Hola, Sophie —exclamó la señora Mason—. ¿Cómo estás? Te toqué a las cinco y me preocupó un poco que no abrieras. ¿Estabas dormitando? —hablaba mientras se limpiaba las botas con nieve en el tapete de bienvenida y entraba—. Detesto la nieve, ¿tú no? La radio dice que podríamos tener quince centímetros para la medianoche, pero nunca se puede confiar, ya sabes. ¿Recuerdas el invierno pasado cuando predijeron diez centímetros y tuvimos cincuenta y tres? ¡Cincuenta y tres! Y dijeron que tendríamos un invierno benigno este año. ¡Ja! No creo que haya estado arriba de cero en semanas. ¿Sabes que mi cuenta de combustible del mes pasado fue de 263 dólares? ¡Sólo por mi casita!

Sophie escuchaba a medias. De pronto recordó las rosas y comenzó a sonrojarse de vergüenza. La caja de flores vacía estaba a sus espaldas sobre la mesa de la cocina. ¿Qué le diría a la señora Mason?

—No sé por cuánto tiempo más podré seguir pagando las cuentas. ¡Si tan sólo Alfred, que Dios lo bendiga, hubiera sido tan cuidadoso con el dinero como tu Joseph! ¡Joseph! ¡Oh, por Dios! Casi me olvido de las rosas.

Las mejillas de Sophie ardían cuando comenzó a balbucear una disculpa haciéndose a un lado para mostrar la caja vacía.

—Mira nada más —interrumpió la señora Mason—. Colocaste las rosas en agua. Entonces viste la tarjeta. Espero que no te hayas alarmado cuando viste la letra de

Joseph. Él me pidió que te trajera las rosas el primer año y que te explicara. No quería alarmarte. Su "tarea de las rosas", creo que así la llamaba. El pasado abril hizo los arreglos en la florería. Tan buen hombre tu Joseph...

Pero Sophie había dejado de escuchar. Su corazón palpitaba al tomar el pequeño sobre blanco que había pasado por alto; había estado ahí, junto a la caja de las flores todo el tiempo. Con manos temblorosas, sacó la tarjeta.

"Para mi sol", decía. "Te amo con todo mi corazón. Trata de ser feliz cuando pienses en mí. Con amor, Joe".

Alicia von Stamwitz

Alguien que me cuida

Los pasajeros del autobús miraron con compasión a la atractiva joven con bastón blanco que se esmeraba por subir los escalones. Le pagó al conductor y, usando las manos para sentir los asientos, caminó por el pasillo hasta encontrar un asiento vacío. Entonces se sentó, colocó su portafolios sobre su regazo y apoyó el bastón contra su pierna.

Hacía un año que Susan, de treinta y cuatro años, había quedado ciega. A consecuencia de un diagnóstico médico equivocado había perdido la vista y de pronto había caído en un mundo de oscuridad, ira, frustración y autocompasión. Después de haber sido una mujer ferozmente independiente, Susan se sentía ahora condenada por este terrible cambio de suerte a ser una incapacitada, una carga inútil para todos a su alrededor. "¿Cómo me pudo haber sucedido esto a mí?", se quejaba, con el corazón inundado de ira. Pero sin importar qué tanto llorara, despotricara u orara, conocía su dolorosa verdad: su vista jamás retornaría.

Una nube de depresión cayó sobre el espíritu alguna vez optimista de Susan. Sólo el sobrellevar cada día constituía un ejercicio de frustración y agotamiento. Y lo único que tenía como apoyo era a su esposo Mark.

Mark era oficial de la fuerza aérea y amaba a Susan con todo el corazón. Cuando perdió la vista, la vio hundirse en la desesperanza y decidió ayudar a su esposa a recobrar la fuerza y confianza que necesitaba para recuperar su independencia. El entrenamiento militar de Mark le había enseñado muy bien a manejar situaciones delicadas, no obstante, sabía que esta era la batalla más difícil que jamás enfrentaría.

Llegó el día cuando Susan se sintió lista para regresar al trabajo, ¿pero, cómo transportarse? En el pasado había tomado el autobús, pero ahora le resultaba demasiado aterrador recorrer la ciudad sola. Mark se ofreció para llevarla al trabajo en auto todos los días, aunque trabajaban en extremos opuestos de la ciudad. Al principio esto reconfortó a Susan y satisfizo la necesidad de Mark de proteger a su esposa ciega que se sentía tan insegura de realizar esta delicada tarea. Al poco tiempo, sin embargo, Mark comprendió que este arreglo no estaba funcionando, que era extenuante y costoso. *Susan va a tener que empezar a tomar el autobús de nuevo*, admitió para sí mismo. Pero tan sólo la idea de mencionárselo lo hacía desistir. Aún era tan frágil; estaba tan enojada. ¿Cómo reaccionaría?

Como Mark lo supuso, Susan se horrorizó ante la idea de volver a tomar el autobús. "Estoy ciega", respondió con amargura. "¿Cómo se supone que voy a saber a dónde voy? Siento que me quieres abandonar".

El corazón de Mark se rompió al escuchar estas palabras, pero sabía lo que tenía que hacer. Prometió a Susan que todas las mañanas y por las tardes viajaría con ella en el autobús el tiempo necesario, hasta que ella sintiera que lo podía hacer sola.

Y esto es exactamente lo que sucedió. Durante dos semanas completas, Mark, con uniforme militar y demás, acompañó todos los días a Susan de ida y regreso del trabajo. Le enseñó a utilizar sus otros sentidos, en especial el del oído, para determinar dónde estaba y cómo adaptarse a su nuevo ambiente. La ayudó a hacerse amiga de los conductores de los autobuses, quienes podían ver por ella y reservarle un asiento. La hizo reír, incluso en esos días no tan buenos cuando ella daba un traspié al bajar del autobús, o cuando se le caía el portafolios lleno de papeles en el pasillo.

Todas las mañanas hacían el trayecto juntos y Mark tomaba un taxi de regreso a su oficina. Aunque esta rutina era aún más costosa y agotadora que la anterior, Mark sabía que era sólo cuestión de tiempo para que Susan estuviera en condiciones de viajar sola de nuevo. Tenía fe en ella; en la Susan que era antes de que perdiera la vista, cuando no temía a los retos y que nunca, nunca se daba por vencida.

Finalmente Susan decidió que estaba lista para intentar el viaje sola. Llegó el lunes por la mañana, y antes de salir, abrazó a Mark, su compañero de viaje temporal, esposo y mejor amigo. Los ojos se le llenaron de lágrimas de gratitud por su lealtad, paciencia y amor. Le dijo adiós y, por primera vez, tomaron caminos separados.

Lunes, martes, miércoles, jueves... todos los días fueron perfectos y Susan jamás se había sentido mejor. ¡Lo estaba logrando! Iba al trabajo por sí sola.

El viernes por la mañana Susan tomó el autobús para ir al trabajo como de costumbre. Al pagar su pasaje, el conductor exclamó: "Oiga, de verdad la envidio".

Susan no estaba segura de que el conductor le estuviera hablando a ella. Después de todo, ¿quién en la tierra podría alguna vez envidiar a una mujer ciega que durante todo un año había luchado para encontrar el valor de vivir? Intrigada, preguntó al conductor: "¿Por qué dice que me envidia?"

El conductor contestó: "Debe ser muy agradable que lo cuiden y protejan a uno como a usted".

Susan no tenía idea de lo que el conductor le decía y de nuevo preguntó: "¿A qué se refiere?"

El conductor respondió: "¿Sabe?, durante toda la semana, todas las mañanas, un caballero de buen ver en uniforme militar ha estado parado del otro lado, en la esquina, cuidando que usted baje del autobús. Se asegura de que atraviese la calle sin riesgos y la observa hasta que entra en el edificio de oficinas. Entonces le envía un beso y un saludo y se va. Es usted en verdad una dama afortunada".

Lágrimas de felicidad corrieron por las mejillas de Susan, porque aunque físicamente no lo podía ver, siempre había sentido la presencia de Mark. Era afortunada, muy afortunada, porque él le había dado un regalo más poderoso que la vista, un obsequio que no necesitaba ver para creer, el regalo de amor que puede dar luz donde hubo oscuridad.

Sharon Wajda

Hambriento de tu amor

Hace frío, un frío excesivo en este oscuro día invernal de 1942, aunque no es diferente de cualquier otro día en este campo de concentración nazi. Estoy temblando bajo estos delgados harapos, todavía incrédulo de que esta pesadilla esté sucediendo. Soy sólo un muchacho que debería estar jugando con los amigos, que debería estar en la escuela, que debería estar esperando un futuro, desarrollarse, casarse y tener una familia propia. Pero esos sueños son para los vivos y yo ya no soy parte de ellos, estoy casi muerto, sobreviviendo día con día, hora con hora, desde que me sacaron de mi hogar y me trajeron aquí con decenas de miles de otros judíos. *¿Estaré todavía vivo mañana?* *¿Me llevarán esta noche a la cámara de gas?*

Voy y vengo junto a la cerca de alambre de púas tratando de conservar mi enflaquecido cuerpo caliente. Tengo hambre, pero he estado hambriento por más tiempo del que quisiera recordar. Siempre estoy hambriento; el alimento comible parece un sueño. Todos los días, cada vez que desaparecen más de los nuestros, el feliz pasado parece sólo un sueño y yo me hundo cada vez más en la desesperanza.

De pronto, advierto que una muchacha camina del otro lado de la cerca de púas. Se detiene y me mira con ojos tristes, ojos que parecen decir que comprende; que ella tampoco puede imaginar por qué estoy aquí. Quiero mirar a otro lado, avergonzado de que esta extraña me vea así, pero no puedo desprender mis ojos de los suyos.

Entonces ella introduce su mano en el bolsillo y saca una manzana roja, una hermosa y reluciente manzana roja. *¡Oh, cuánto tiempo ha pasado desde que ví una así!* Mira con atención a la izquierda y a la derecha y luego, con sonrisa de triunfo, lanza con rapidez la manzana sobre la cerca. Corro a recogerla y la sostengo entre mis temblorosos dedos congelados. En mi mundo de muerte, esta manzana es una expresión de vida, de amor. Miro hacia arriba justo en el momento en que veo desaparecer a la muchacha en la distancia.

Al día siguiente no puedo evitarlo, me siento arrastrado a la misma hora al mismo lugar junto a la cerca. *¿Estoy loco por esperar que ella vuelva a venir? Claro.* Pero estando aquí, me aferro a cualquier vestigio de esperanza, por mínimo que sea. Ella me ha dado esperanza y me tengo que aferrar a ella.

Y de nuevo llega. Y de nuevo me trae una manzana y la lanza por encima de la cerca con la misma dulzura en su sonrisa.

Esta vez la atrapo y la levanto para que la vea. Sus ojos centellean. *¿Siente lástima por mí?* Tal vez. Sin embargo, no me importa, me siento dichoso de verla. Y por primera vez en mucho tiempo siento que el corazón me palpita de emoción.

Así nos encontramos durante siete meses. En ocasiones intercambiamos algunas palabras, en otras, sólo una manzana. Pero ella, este ángel del cielo, alimenta más que a mi estómago, a mi alma. Y sé que de algún modo yo también alimento la suya.

Un día escucho noticias aterradoras de que nos transportarán a otro campo. Esto podría significar el fin para mí, y definitivamente significa el final para mi amiga y para mí.

Al día siguiente, cuando la saludo, mi corazón se encuentra destrozado y apenas puedo hablar cuando expreso lo que tengo que decir. "No me traigas una manzana mañana", le pido, "me envían a otro campo. No nos volveremos a ver". Antes de perder el control me doy la media vuelta y huyo de la cerca. No puedo mirar hacia atrás, si lo hiciera, sé que me vería ahí parado, con las lágrimas resbalando por mi rostro.

Pasan meses y la pesadilla continúa, pero el recuerdo de esta muchacha me sostiene ante el terror, el dolor y la desesperanza. Una y otra vez en mi mente veo su rostro, sus dulces ojos; escucho sus palabras tiernas, saboreo esas manzanas.

Y luego un día, así nada más, la pesadilla termina. Se acaba la guerra y liberan a quienes seguimos con vida. Yo he perdido todo lo que me fue precioso, incluso a mi familia, pero todavía recuerdo a esta muchacha, un recuerdo que llevo en el corazón y me da la voluntad de seguir adelante al mudarme a Estados Unidos de América para comenzar una nueva vida.

Pasan los años. Es 1957. Vivo en la ciudad de Nueva York. Un amigo me convence para que asista a una cita a ciegas con una amiga suya. Renuente acepto, aunque esta mujer de nombre Roma me parece agradable, y al igual que yo, es inmigrante, así que por lo menos tenemos esto en común.

—¿Dónde estuviste durante la guerra? —Roma me pregunta con cautela, de esa forma delicada como los inmigrantes se hacen preguntas unos a otros sobre aquellos años.

—Yo estuve en un campo de concentración en Alemania —contesto.

Roma refleja una mirada lejana en los ojos, como si recordara algo doloroso, aunque dulce a la vez.

—¿Qué sucede? —le pregunto.

—Sólo pienso en algo de mi pasado, Herman —explica Roma con una voz que de pronto se suaviza—. ¿Sabes?, cuando era jovencita vivía cerca de un campo de concentración. Ahí había un muchacho, un prisionero, y por algún tiempo

me acostumbré a visitarlo todos los días. Recuerdo que solía llevarle manzanas. Le lanzaba la manzana por encima
de la cerca, y él se mostraba muy feliz.

Roma suspira con fuerza y continúa:

—Es difícil describir lo que sentíamos el uno por el otro,
después de todo, éramos jóvenes y sólo intercambiamos
algunas palabras cuando podíamos, pero puedo asegurar-
te que había mucho amor ahí. Supongo que lo mataron
como a tantos otros. Pero no puedo soportar pensar eso,
así que trato de recordarlo como era entonces, durante esos
meses que se nos concedieron juntos.

Con el corazón latiéndome con tanta fuerza que pienso
que me va a estallar, miro de frente a Roma y le pregunto:

—¿Y ese muchacho te dijo un día: "No me traigas una
manzana mañana. Me envían a otro campo?"

—Exacto, sí —responde Roma con voz temblorosa—.
Pero, Herman, ¿cómo es posible que sepas eso?

Tomo sus manos entre las mías y le respondo:

—Porque yo soy ese muchacho, Roma.

Durante un largo rato sólo hay silencio. No podemos
separar los ojos el uno del otro, y al desaparecer los velos
del tiempo, reconocemos el alma detrás de los ojos, al
querido amigo que una vez amamos tanto, a quien jamás
dejamos de amar, a quien jamás dejamos de recordar.

Por fin hablo yo:

—Mira, Roma, una vez me separaron de ti y no quiero
que vuelva a suceder. Ahora soy libre y quiero estar contigo por siempre. Querida, ¿te casarías conmigo?

Reconozco el mismo centelleo que solía ver en sus ojos,
cuando Roma responde:

—Sí, me casaré contigo.

Y nos abrazamos, nos dimos el abrazo que ansiamos
durante tantos meses pero que una cerca con púas evitó.
Ahora nada volvería a interponerse.

Han pasado casi cuarenta años desde ese día cuando
encontré de nuevo a mi Roma. El destino nos reunió por
primera vez durante la guerra para mostrarme una pro-

mesa de esperanza y ahora nos reunió para cumplir esa promesa.

Día de San Valentín, 1996. Llevo a Roma al programa de Oprah Winfrey para rendirle honores en la televisión nacional. Quiero decirle frente a millones de personas lo que siento en mi corazón todos los días:

—Querida, tú me alimentaste en el campo de concentración cuando tenía hambre. Y sigo hambriento de algo de lo que jamás tendré suficiente: *Sólo estoy hambriento de tu amor.*

Herman y Roma Rosenblat,
como se lo narraron a Barbara De Angelis,
doctora en filosofía

Shmily

Mis abuelos estuvieron casados por más de medio siglo, y practicaron un juego muy propio y especial desde el momento en que se conocieron. El objetivo era escribir la palabra "shmily" en un lugar sorpresa para que el otro la encontrara. A cada uno le iba correspondiendo dejar "shmily" en cualquier lugar de la casa, y tan pronto el otro la descubría, le correspondía esconderla una vez más.

Con los dedos escribían "shmily" en los recipientes del azúcar y la harina para esperar a quien preparara la siguiente comida. Lo escribían en los cristales empañados que daban al patio donde mi abuela siempre nos obsequiaba budín caliente hecho en casa teñido con colorante comestible azul. "Shmily" aparecía escrito en el vapor adherido al espejo después de una ducha caliente, donde reaparecía después de cada baño. En un momento dado, mi abuela deshizo todo un rollo de papel sanitario para escribir shmily en la última hoja.

En cualquier lugar podía aparecer "shmily". En los tableros y asientos de los autos, o pegadas al volante hallaban pequeñas notas con "shmily" garabateada deprisa. Las notas aparecían dentro de los zapatos y bajo las almohadas. Escribían "shmily" en el polvo sobre la repisa de la chimenea y la trazaban en las cenizas del hogar. Esta misteriosa palabra era parte de la casa de mis abuelos como lo eran los muebles.

Me llevó bastante tiempo poder apreciar en su totalidad el juego de mis abuelos. El escepticismo me impedía creer en el verdadero amor, en que es puro y duradero.

Sin embargo, jamás dudé de la relación de mis abuelos. Su amor era firme. Era más que sus pequeños juegos de galanteo, era una forma de vida. Su relación estaba basada en un afecto devoto y apasionado que no todos tienen la suerte de experimentar.

El abuelo y la abuela se tomaban de la mano cada vez que podían, se robaban besos cada vez que chocaban en su cocina minúscula. Los dos terminaban la oración que el otro había empezado y compartían a diario el crucigrama y otro juego de palabras. Mi abuela me susurraba lo hermoso que era el abuelo, lo guapo que había llegado a ser de viejo. Aseguraba que en verdad había sabido "cómo atraparlo". Antes de cada comida se inclinaban y daban gracias maravillándose de sus bendiciones: una familia maravillosa, buena suerte y el tenerse el uno al otro.

Pero hubo una nube oscura en la vida de mis abuelos: mi abuela padecía cáncer de mama. La enfermedad apareció por primera vez diez años atrás. Como siempre, el abuelo estuvo con ella en todo momento. La reconfortaba en su habitación amarilla, pintada de ese color para que siempre estuvieran rodeados de sol, incluso cuando ella estuvo tan mal que ya no pudo salir.

Ahora el cáncer atacaba de nuevo su cuerpo. Con la ayuda de un bastón y la mano firme de mi abuelo, seguían yendo a la iglesia todas las mañanas. Pero mi abuela continuó debilitándose hasta que, finalmente, ya no pudo salir de casa. Durante algún tiempo el abuelo asistió solo a la iglesia para pedirle a Dios que velara por su esposa. Luego, un día, lo que todos temíamos finalmente sucedió: la abuela se fue.

La palabra "shmily" fue garabateada en amarillo en los listones color de rosa del ramo de flores del funeral de mi abuela. Al disminuir la concurrencia y alejarse los últimos miembros de la comitiva, mis tías, tíos, primos y otros miembros de la familia nos acercamos y nos reunimos alrededor de la abuela por última vez. El abuelo dio un paso hacia el ataúd de mi abuela y, tomando aire, tembloroso, le empezó a cantar. Entre sus lágrimas y el dolor surgió el canto: un arrullo profundo y gutural.

Además de mi propia pena, jamás olvidaré ese momento porque entonces supe que, aunque no podía imaginar la profundidad de su amor, había tenido el privilegio de atestiguar su incomparable belleza.

S-h-m-i-l-y (en inglés *See How Much I Love You*): Mira cuánto te amo.

Gracias, abuela y abuelo, por permitirme ver.

Laura Jeanne Allen

Una historia de amor irlandesa

Eso que se ama es siempre hermoso.

Proverbio noruego

Llamémosle Ian. Ese no es su verdadero nombre, pero en Irlanda del Norte en estos días hay que tener cuidado en revelar los nombres. Ha habido más de dos mil cuatrocientos asesinatos por fanatismo desde el reciente estallido de viejas rencillas entre católicos y protestantes. Así que no tiene sentido correr riesgos.

Por otra parte, Ian ya ha sufrido bastante para los veinticuatro años que tiene de vida.

Provenía de buena estirpe protestante, del tipo de los que van a la iglesia los domingos dos veces con la regularidad de un reloj. Su padre era soldador en los astilleros de Belfast, formal como todos ellos. La madre mantenía el hogar limpio y ordenado, horneaba el mejor pan del vecindario y dirigía a la familia con el canto afilado de su lengua. Los dos hermanos mayores eran obreros desempleados.

Ian había salido bien de la escuela y ganaba buen dinero como artesano en una planta productora. Tranquilo, serio, afecto a caminar por la campiña durante los verdes anocheceres y los dorados fines de semana del verano, pocas cosas le gustaban más que leer un libro junto a un estrepitoso fuego durante la larga soledad del invierno. Nunca tuvo mucho que ver con novias, aunque los hombres tienden a casarse tarde en Irlanda.

Hace dos años, el día en que cumplía veintidós años, regresaba del trabajo a casa cuando un terrorista lanzó una bomba desde un auto a alta velocidad... y dejó a Ian balbuceando en la pesadilla de una ceguera repentina.

Se le trasladó de inmediato a un hospital y le operaron de emergencia lesiones internas y huesos rotos; pero los dos ojos le quedaron inservibles.

Las demás heridas sanaron a su debido tiempo, aunque sus cicatrices lo desfigurarían por el resto de sus días. Pero las cicatrices en su mente, aunque invisibles, eran todavía más obvias.

Apenas si decía alguna palabra, casi no comía ni bebía, apenas dormía. Cerca de cuatro meses estuvo postrado en la cama, cavilando y sin ver.

Había una enfermera que parecía ser capaz de extraerle alguna pequeña chispa de respuesta humana. Llamémosla Bridget, un buen nombre irlandés. De buena estirpe católica, de aquellos que lo primero que hacen cada domingo por la mañana es ir a misa.

Su padre, un carpintero, trabajaba fuera de casa la mayor parte del tiempo por toda Inglaterra. Un hombre decente que amaba a su familia, que cuando podía sufragar el viaje pasaba los fines de semana con ella, y a quien todos amaban como sólo se puede amar a un padre ausente.

La madre mantenía un hogar limpio pero desordenado, cocinaba el mejor estofado del vecindario y dirigía a la familia con mano firme y corazón suave.

Seis hermanos, cuatro hermanas, siendo Mary, la más joven de todos, de once años, la preferida del padre.

Bridget salió bien de la escuela, se había preparado como enfermera en un famoso hospital de Londres y ahora, a los veintiún años de edad, era enfermera de planta en el hospital más grande de Belfast.

Vivaz, aunque en esencia seria, era cantante de dulce y delicada voz, con un estilo propio para las canciones folclóricas. Nunca tuvo mucho que ver con novios, aunque no era por falta de jóvenes que la quisieran conquistar. Pero ahora su corazón palpitaba por Ian, porque había algo en él de muchachito perdido que la hacía llorar. Es cierto, él no podía ver sus lágrimas, sin embargo, temía que su voz delatara sus emociones.

Y en cierto modo tenía razón respecto a su voz, porque fueron su cadencia y su risa las que lo sacaron de las profundidades de la depresión y la autocompasión; el calor, la suavidad y la fuerza de sus palabras, la bienaventurada certeza con la que le hablaba del amor de Jesucristo.

Y así, mientras la larga oscuridad de sus días se alargaba a semanas y meses, al escuchar las pisadas de ella giraba el rostro ciego hacia su dirección, como una flor inclinándose hacia el sol.

Luego de cuatro meses en el hospital se le declaró ciego incurable, pero todo lo que ahora sabía, era que el amor que se sentían el uno por el otro le dio el valor de aceptar su aflicción. Porque a pesar de todo lo que había en su contra —religión, política, y la oposición de las familias—, se amaban y transitaban por ese juvenil y adorable paisaje.

Fue dado de alta y comenzaron los desgastantes meses de la rehabilitación: lavarse, rasurarse y vestirse sin ayuda, desplazarse por la casa sin romperse las espinillas en las sillas, caminar por las calles con un bastón blanco, leer en Braille, subsistir la aplastante piedad que podía sentir en el mismísimo aire que respiraba. Su amor le dio la esperanza para seguir viviendo y luchando.

No es que pudieran pasar mucho tiempo de su vida juntos, tal vez alguna noche, quizás una tarde cuando sus tareas se los permitían, pero vivían para esos cortos encuentros y conocieron los inicios de una profunda paz y alegría.

Sus familias se consternaron. ¿Pensar en casarse? La misma ley de Dios lo prohibía, seguro.

—¿Qué comunión hay entre los hijos de la luz y los hijos de la oscuridad? —tronó el padre de Ian—. ¡No te casarás con ella mientras yo viva!

—La Iglesia Católica romana —señaló el sacerdote de ella— desaprueba los matrimonios mixtos, así que puedes sacarte esa idea de la cabeza.

Así, con todas las presiones posibles, como quererlos hacer entrar en razón, amenazas, promesas y hasta francas mentiras, se les fue separando. Y con el tiempo discutieron, se profirieron cosas hirientes en dolorosa aflicción y, una noche, bajo una incesante llovizna y con sus corazones fríos, ella se alejó de él en la calle que también lloraba.

Él se aisló en su noche perpetua. Días y semanas de amargura.

—A la larga no te arrepentirás —le aseguraron—. ¡Tú mismo diste lugar a los problemas al juntarte con una escéptica!

Ella se aisló en su trabajo, demasiado dolida del corazón como para recordar. Semanas y meses de pasmada agonía.

—Vivirás para alabar al Todopoderoso —se le indicó—. ¡Habrías buscado el infierno en la tierra casándote con un protestante!

Los meses completaron un año. Y los bombardeos continuaron, para desgracia de Irlanda.

Entonces, una noche, cuando Ian estaba solo en casa, se escuchó un frenético golpear en la puerta.

—¡Ian, ven pronto!

Por la voz, histérica, contenida, con lágrimas, reconoció a la pequeña Mary, la hermana de Bridget.

—¡Una bomba! Está atrapada y medio muerta, así es. Grita por ti. ¡Ven, Ian! ¡En nombre de Dios, por favor ven!

Sin siquiera cerrar la puerta al salir, le tomó la mano y ella lo guió, se tropezó y lloró con él a través de las despiadadas calles.

La bomba había destruido un pequeño restaurante donde Bridget estaba cenando con otras tres enfermeras, quienes habían logrado escurrirse por debajo de los escombros. Pero ella había quedado atrapada de las piernas y el fuego se extendía lanzándole sus lengüetazos.

La podían escuchar gritando pero todavía no podían llegar al hoyo donde se encontraba atrapada. Bomberos, soldados, luces y equipo especial estaban en camino.

Ian se movió entre el caos.

—¡No puedes entrar ahí! —gritó el oficial responsable.

—Es mi chica —respondió Ian.

—¡No te comportes como un loco delirante! —gritó el oficial—. ¡No podrías ni verte la mano frente a la cara en esa oscuridad!

—¿Qué diferencia hace la oscuridad para un ciego? —preguntó Ian, y se dirigió hacia el sonido de la voz de ella y caminó entre ese negro infierno con toda la habilidad e instinto del ciego; con toda la urgencia del amor.

—¡Ahí voy, Bridget! ¡Ahí voy!

Y la encontró y le rodeó la cabeza con anhelantes brazos y la besó.

—Ian —susurró ella—, Ian... —y se desplomó en la inconciencia como un niño cansado.

Y con la sangre de su amada empapando su ropa y el fuego alcanzándolos, la protegió hasta que sus salvadores se abrieron camino. Lo que no vio, siendo ciego, fue que un lado del adorable rostro de Bridget había sido abrasado por el fuego.

Con el tiempo, después de mucho tiempo, ella se recuperó. A pesar de la cirugía estética, su rostro quedaría por siempre cubierto de cicatrices.

—Sin embargo —decía ella—, el único hombre a quien amo nunca las verá, así que, ¿qué diferencia hay para mí?

Y ellos retomaron su amor, aunque en realidad nunca lo habían dejado. La verdad es que ambas familias se opusieron en todo momento. Una dramática confrontación casi las llevó a un pleito a golpes: injurias, insultos, amenazas desesperadas. Pero, en medio de todo eso, Bridget tomó la mano de Ian y juntos salieron de ese lugar lleno de odio.

Sí, se casarían. Toda la sabiduría convencional preveía el fracaso. ¿Pero conoce usted un camino mejor que el amor? ¿Y qué otra curación existe?

George Target

¿Malva o vino apagado?

Me encontró llorando amargamente en la habitación del hospital.

—¿Qué sucede? —me preguntó Richard, sabiendo que ambos teníamos razón para llorar.

En las últimas cuarenta y ocho horas me había enterado de que tenía un tumor canceroso en el seno, que se había extendido hasta los ganglios linfáticos, y que había una posible propagación en el cerebro. Los dos teníamos treinta y dos años, y tres hijos pequeños.

Richard me abrazó con fuerza y trató de reconfortarme. Nuestros amigos y familia se habían quedado sorprendidos de nuestra paz interior. Jesús había sido nuestro Salvador y consuelo antes de que supiéramos que tenía cáncer, y así continuó después de mi diagnóstico. Pero Richard supuso que la aterrorizante realidad de mi situación finalmente me había golpeado en el poco tiempo que se había alejado de la habitación.

Mientras me abrazaba, Richard trató de reconfortarme.

—Ha sido demasiado, ¿no es así, Suz? —declaró.

—No es eso —respondí llorando y levantando el espejo de mano que acababa de encontrar en el cajón. Richard se desconcertó.

—Nunca imaginé esto —seguía llorando mientras miraba impactada mi reflejo en el espejo. Ni yo misma me reconocía, estaba terriblemente hinchada. Después de la cirugía me había quejado mientras dormía, y amigos bien intencionados me conectaron el autodispensador de medicamentos para aliviar lo que pensaron era dolor. Por desgracia, era alérgica a la morfina y me había hinchado como salchichón. La betadina de la cirugía me había manchado el cuello, los hombros y el pecho, y era demasiado pronto para un baño. Una manguera colgaba a un lado drenando el líquido de la cirugía. El hombro izquierdo y el pecho, del lado donde había perdido una porción del seno, aparecían fuertemente envueltos en gasa. Mi largo cabello rizado estaba hecho una gran maraña. Más de cien personas me habían ido a visitar durante las últimas cuarenta y ocho horas, y todos habían visto a una mujer con manchas cafés y blancas, hinchada, sin maquillaje, con el cabello enmarañado y en bata gris. ¿Dónde estaba mi verdadero yo?

Richard me recostó de nuevo sobre la almohada y salió de la habitación. Al poco rato regresó con los brazos llenos de pequeños envases de champú y acondicionador que confiscó de un carrito en el pasillo. Sacó almohadas del clóset y colocó una silla junto al lavamanos, desenredó la manguera de la intravenosa, apretujó la larga manguera en el bolsillo de su camisa, se inclinó, me cargó y llevó junto con el armazón de la intravenosa y demás, hasta la silla. Me sentó con cuidado sobre su regazo, acomodó mi cabeza entre sus brazos sobre el lavamanos y empezó a dejar correr agua caliente por entre mi cabello. Vertió el contenido de los envases sobre mi cabello, lavó y acondicionó mis largos rizos, envolvió mi cabello en una toalla y me llevó, junto con la manguera y el armazón de la intravenosa, de regreso a la cama. Lo hizo con tanta delicadeza que ni un punto de la sutura lo resintió.

Mi esposo, quien jamás en la vida había utilizado una secadora, sacó una y me secó el cabello, entreteniéndome todo el tiempo dándome, según él, consejos de belleza. Luego continuó, basándose en la experiencia de verme arreglar mi cabello durante los últimos doce años. Me reí cuando se mordió el labio, más serio que cualquier estudiante de belleza. Me lavó los hombros y el cuello con una toalla caliente, con cuidado de no lastimar el área alrededor de la cirugía, y me frotó loción en la piel. Entonces abrió mi bolso de cosméticos y empezó a aplicarme el maquillaje. Jamás olvidaré cómo nos reímos mientras trataba de aplicarme el rímel y rubor. Abrí los ojos todo lo que pude y sostuve la respiración mientras con manos temblorosas me aplicaba rímel en las pestañas. Me aplicó rubor en las mejillas con un pañuelo desechable para matizar el color, y para el último toque, me mostró dos lápices labiales.

—¿Cuál? ¿Malva o vino apagado? —preguntó. Aplicó el lápiz labial como artista que pintaba sobre un lienzo y luego sostuvo el espejo para que yo me viera.

De nuevo era un ser humano. Un poco hinchada, pero olía a limpio, mi cabello caía suave sobre mis hombros y me volví a reconocer.

—¿Qué piensas? —preguntó. Comencé a llorar de nuevo, esta vez de agradecimiento—. No, preciosa. Vas a destruir mi trabajo —me reprendió, y solté la carcajada.

Durante esa difícil época de nuestra vida se me dio sólo el 40 por ciento de posibilidades de sobrevivir más de cinco años. Eso fue hace siete años, y he salido adelante durante todo este tiempo gracias al consuelo que me da Dios, a la ayuda de mi maravilloso esposo y a lo mucho que me río. Este año vamos a celebrar nuestro aniversario número diecinueve, y nuestros hijos ya son adolescentes. Richard comprendió lo que significaba la vanidad y las tonterías en medio de la tragedia. En aquellos momentos todo lo que había dado por hecho se me tambaleó, esto es, ver a mis hijos crecer, mi salud, mi futuro. Con un solo acto de bondad, Richard me devolvió a la normalidad. Siempre consideraré ese momento como una de las mayores muestras de amor de nuestro matrimonio.

T. Suzanne Eller

Una suave caricia

Lo que proviene del corazón, conmueve al corazón.

Don Sibet

Michael y yo casi ni nos enteramos cuando la mesera llegó y colocó los platos en nuestra mesa. Estábamos sentados en un íntimo y pequeño restaurante de especialidades en la calle Tercera de la ciudad de Nueva York. Incluso el olor de los recién llegados panqueques no perturbó nuestra entusiasmada plática. De hecho, permanecieron cubiertos con la crema ácida por un buen rato. Nos disfrutábamos demasiado el uno al otro como para comer.

Nuestra conversación era animada, aunque no profunda. Nos reímos sobre la película que habíamos visto la noche anterior y discrepamos sobre el significado del texto que acabábamos de terminar para nuestro seminario de literatura. Me habló del momento en que dio el drástico paso hacia la madurez al decidir ser Michael y rehusarse a responder a "Mikey". ¿Tenía doce o catorce años? No lo recordaba, pero sí se acordaba de que su mamá había llorado y decía que estaba creciendo demasiado rápido. Al dar un bocado a nuestros panqueques con arándanos, le platiqué sobre los arándanos que mi hermana y yo solíamos recoger cuando visitábamos a nuestros primos en el campo. Le comenté que yo siempre me acababa los míos antes de regresar a la casa, y que mi tía siempre me advertía que sufriría un fuerte dolor de estómago, cosa que nunca sucedió.

Mientras nuestra agradable conversación proseguía, mi mirada se dirigió al otro extremo del restaurante y se detuvo en la pequeña mesa de la esquina donde se encontraba una pareja de edad avanzada. El vestido de flores de ella parecía tan desteñido como el cojín donde había colocado su desgastado bolso de mano. La coronilla de él brillaba tanto como el huevo pasado por agua que comía a bocaditos. Ella también comía su avena a ritmo lento, casi tedioso.

Pero la razón por la cual mis pensamientos se dirigieron hacia ellos fue su imperturbado silencio. Me pareció como que una vacuidad melancólica permeaba su pequeña esquina. Mientras el intercambio entre Michael y yo iba de risas a susurros, de confesiones a aseveraciones, el intenso silencio de esta pareja me impresionó. *Qué triste,* pensé, *no tener nada más que decirse. ¿Ya no quedaba ninguna página por pasar en la historia de cada uno? ¿Y si eso nos llegara a suceder a nosotros?*

Michael y yo pagamos la pequeña suma de nuestra cuenta y nos levantamos para retirarnos del restaurante. Al pasar por la esquina donde se encontraba sentada la pareja de ancianos, por accidente se me cayó el monedero. Al inclinarme para recogerlo, noté que por debajo de la mesa sus manos libres se entrelazaban. Todo el tiempo habían estado tomados de las manos.

Me levanté y me sentí insignificante por este sencillo pero profundo acto de conexión que acababa de tener el privilegio de atestiguar. La suave caricia de este hombre en los dedos fatigados de su esposa llenaba no sólo lo que yo momentos antes percibí como un rincón emocionalmente vacío, sino también mi corazón. El suyo no era el incómodo silencio cuya amenaza uno siempre siente justo cuando se termina de platicar un chiste o al final de una anécdota en una primera cita. No, la suya era una serenidad relajada, cómoda, un amor delicado que sabía que no siempre necesitaba palabras para expresarse. Tal vez esta hora de la mañana la habían compartido desde mucho tiempo atrás, y tal vez hoy no había sido muy diferente de ayer, pero ellos se sentían satisfechos con eso, y con tenerse el uno al otro.

Quizá, pensé al salir junto con Michael, no sería tan malo si algún día eso nos sucediera a nosotros, tal vez hasta sería algo agradable.

Daphna Renan

¿Qué significa ser amante?

*P*resencia es más que sólo estar ahí.

Malcolm Forbes

¿Qué significa ser amante? Es más que sólo estar casado o hacerle el amor a alguien. Millones de personas están casadas, millones de personas tienen sexo, pero pocas son verdaderos amantes. Para ser un verdadero amante, uno tiene que comprometerse y participar en una danza perpetua de intimidad con su pareja.

Uno es amante cuando aprecia el regalo que su pareja es, y todos los días exalta ese regalo.

Uno es amante cuando recuerda que su pareja no le pertenece, que es sólo un préstamo del universo.

Uno es amante cuando comprende que ningún suceso entre los dos es insignificante, que todo cuanto se dice en la relación tiene el potencial de causar en el ser amado felicidad o aflicción, y que todo lo que hace fortalece o debilita su lazo de unión.

Uno es amante cuando comprende todo esto, y así despierta cada mañana pleno de gratitud de que existe otro día en el cual amar y disfrutar a su pareja.

Cuando uno tiene un amante en su vida, es muy afortunado. Ha recibido el regalo de tener a otra persona que ha elegido caminar a su lado. Él o ella compartirá sus días y sus noches, su cama y sus preocupaciones. Su amante verá partes secretas de usted que nadie más puede ver. Él o ella tocará lugares de su cuerpo que nadie más toca. Su amante le encontrará en donde usted ha estado oculto, y le creará un refugio dentro de unos brazos amorosos y confiables.

Su amante le ofrece un mar de prodigios todos los días. Él tiene el poder de deleitarla con su sonrisa, su voz, la fragancia de su cuello, la manera como se mueve. Ella tiene el poder de disipar su soledad. Él tiene el poder de transformar lo ordinario en sublime. Ella es su entrada al cielo aquí en la tierra.

Barbara De Angelis, doctora en filosofía

2

AL ENCUENTRO DEL AMOR VERDADERO

De todo ser humano se eleva una luz que llega directo al cielo, y cuando dos almas que están destinadas a estar juntas se encuentran, los haces de luz fluyen juntos y una sola luz más brillante mana de esos seres unidos.

Ba'al Shem Tov

Una prueba de fe

El amor cura a las personas; tanto a las que lo dan como a las que lo reciben.

Karl Menninger

Un ligero frío se sintió en el aire nocturno cuando Wes Anderson se introdujo en su sedán plateado. Eran las 8:30 de la noche del 7 de marzo de 1994, y el corpulento ministro de treinta y cuatro años de la iglesia cristiana Carmichael de Sacramento, California, acababa de terminar una reunión con varios miembros de la iglesia.

—Que tenga una buena noche, pastor —le deseó un miembro de su congregación.

—La tendré —contestó Wes, y luego, con su acento de Tennessee, les advirtió sin enojo—... espero verlos a todos el domingo.

Wes estudiaba derecho penal en la universidad cuando sintió el llamado a la iglesia. Llegó a Carmichael en 1992, y la congregación de 110 miembros respondió afectuosa al hombre de buen trato y amplia sonrisa.

Al ir rumbo a casa, Wes vio a Dorothy Hearst, una de sus feligreses, de setenta y ocho años, trabada en un atorón de defensas de tres autos. Wes se detuvo para ayudar y sintió gran alivio al ver que ella sólo temblaba un poco. De pronto, unas luces se dirigieron a toda velocidad hacia ellos iluminándolos.

—¡Dorothy! —gritó Wes—. ¡Nos va a atropellar! —Wes la empujó fuera de la trayectoria de la camioneta justo en el momento en que se estrellaba a su derecha, prensándolo contra el carro de Dorothy. Su pierna derecha le explotó de dolor, después se quedó tirado en el asfalto retorciéndose con la pierna derecha casi cercenada.

Cuando llegó la ambulancia al centro médico Davis de la Universidad de California, un médico introdujo en la mano del pastor un formato de consentimiento quirúrgico.

—No hay otra forma de decir esto —profirió—. Es probable que tengamos que amputar su pierna derecha.

Poco después de la cirugía, Wes sintió un terrible calambre en la pantorrilla derecha. Se estiró para reconfortar el área, pero al sentir que no había nada ahí, se sobrecogió.

Dolores fantasmas —es decir, la sensación física que experimentan las personas a quienes se les ha amputado un miembro cuando el cerebro percibe que aquél aún está ahí—, aparecían y desaparecían como tormentosos fantasmas. Las agudas y violentas punzadas en la pierna que ya no existía lo hacían respingar una y otra vez. Todo esto a causa de James Allen Napier, un conductor ebrio que sólo pasaría ocho meses en prisión.

Conforme pasaban los días, Wes se deprimía. Cirugías posteriores le habían dejado la pierna restante cubierta de cicatrices, y donde le habían retirado tejido para los injertos de piel, le habían quedado costurones rojos que se entrecruzaban en su estómago como mapa de carreteras.

—No es justo —se quejó un día con Mike Cook, amigo y pastor de la iglesia cristiana vecina de Carmichael en Sylvan Oaks—. Me hubiera gustado tener esposa e hijos algún día. ¿Qué mujer podría amarme con todas estas heridas y cicatrices?

—La vida no es justa —contestó Mike—, o ¿supones que debería de serlo? Tú has visto cómo le suceden cosas terribles a gente buena. Recuerda, Wes, tú salvaste una vida. Sé que es difícil creerlo, pero Dios tiene sus razones.

Wes miró a lo lejos, él también aconsejaba a su rebaño conservar la fe en momentos difíciles. "Dios siempre tiene un plan", solía decirles. "Confía en su voluntad". Pero las palabras que alguna vez consideró muy poderosas, de pronto le parecieron insignificantes.

Un reportero del *Sacramento Bee* llamó a Wes, quería publicar su historia. Su instinto dijo *no,* no quería que se le presentara como héroe, pero el reportero prometió narrar tan sólo lo sucedido, así que Wes finalmente aceptó. *Quién sabe,* pensó, *tal vez pueda hacerle algún bien a alguien.*

Virginia Bruegger dejó caer el *Sacramento Bee* del 16 de marzo de 1994 sobre su cama. Como de costumbre, sortear su día no le había sido fácil. Primero, su auto no había querido arrancar, luego perdió el autobús. Durante el último año y medio, esta madre divorciada de treinta y ocho años de edad había adoptado una rutina de clases, estudio y prácticas muy severa para poder adquirir el grado de licenciatura en ciencias de la conducta en la Universidad de California en Davis. Ahora que en su último año se acercaban los exámenes parciales, su escaso presupuesto llegaba al límite.

Justo cuando se sentó esa noche a la mesa de su cocina para estudiar, su hijo de dieciséis años, Steven, se intoxicó con algún alimento. A las tres de la mañana Virginia se arrastró a su recámara, agotada. De pronto sintió que la presión la estaba consumiendo. *¿Estaré haciendo lo correcto?* se preguntó. *¿Encontraré trabajo después de graduarme?*

El encabezado de un periódico saltó a su vista. "Pastor pierde pierna al salvar a una mujer en colisión automovilística". Tomó la sección y empezó a leer.

Dios mío, pensó, *por lo que ha pasado este hombre.* Virginia se detuvo en la cita que el pastor daba como la razón para narrar su historia, esto es, que tal vez ayudaría a "encauzar la vida espiritual de la gente".

Es como si se dirigiera precisamente a mí, pensó. De niña, Virginia había recibido educación religiosa en el pequeño poblado de Bushton, Kansas. Pero desde que se divorció, se había alejado de su fe, y para entonces apenas si podía recordar alguna oración.

Cuando apareció la luz del sol, recordó que sus clases empezarían en pocas horas. *No hoy,* pensó Virginia. Algo le decía que tenía que conocer a ese hombre.

Al despertar de su séptima cirugía en diez días, Wes no supo qué hacer con la mujer parada en la puerta y que llevaba consigo una pequeña maceta con una hiedra. Sus chispeantes ojos cafés le mostraron una mirada tímida hasta que sonrió; entonces todo su rostro se iluminó.

—Sólo quería darle las gracias —comenzó Virginia, buscando las palabras. *¿Qué le digo?,* se preguntó. Docenas de tarjetas cubrían un estante junto a su cama y otras tantas colgaban en una pared. Flores que habían enviado amigos, familiares y los feligreses de Wes, adornaban todos los rincones. Su historia había conmovido obviamente a muchas personas, no sólo a ella.

—Leí el artículo en el periódico, y tenía que hacerle saber lo que su historia me inspiró —manifestó Virginia—. Cambió la perspectiva de mi situación, ya que estoy pasando por tiempos difíciles.

¿Pareceré quejumbrosa? se preguntó. *Este hombre, después de todo, pasó por una verdadera prueba, no como yo, que sólo tengo problemas de cuentas y estudios.* La expresión de Wes le dio confianza.

—Su historia me ayudó a comprender que necesitaba encauzar de nuevo mi relación con el Señor.

Wes estudió a la desconocida. Desde su estancia en el hospital apenas si había tenido un momento sin dolor, pero en ese instante su mente estaba menos consigo mismo y más en cómo poder ayudar.

—¿Va usted a alguna iglesia? —preguntó.

Virginia negó con la cabeza. Algo tan sencillo. *Dio directo en el problema,* pensó; se estiró y le ofreció la mano para despedirse. Wes se la tomó pero de inmediato la soltó. *Espero no haber sido muy atrevida,* pensó.

Wes no había querido separarse, había sido por instinto, todavía se sentía herido y estaba agotado. No obstante, le pareció curioso que ella le hubiera dado las gracias y por alguna razón era él quien se sentía mejor.

A la semana de conocer a Wes, Virginia encontró una iglesia cerca de su casa y le envió una nota. Luego, dos semanas más tarde lo visitó por segunda ocasión; entonces platicaron sobre sus vidas, sobre las clases y las perspectivas de trabajo de Virginia, y sobre los resultados de la terapia física de él.

Se puede platicar tan bien con él, reflexionó Virginia de regreso a casa. Luego, ocasionalmente le enviaba una nota o pasaba a visitarlo.

Unos dos meses después del accidente, Virginia telefoneó a Wes, quien con voz que apenas podía ocultar la emoción le informó:

—¡Hoy me han dado de alta!

Al colgar, un sentimiento inexplicable invadió a Virginia. Saltó a su auto y a toda velocidad se dirigió al centro médico.

—¿Qué hace aquí? —preguntó Wes, mostrando su sorpresa.

—No sé muy bien —contestó Virginia un poco agitada—. Sólo sentí que debía estar aquí.

—Bueno, me da gusto que haya venido —exclamó sonriendo.

Al acercarse a su pequeña iglesia con estructura en forma de A, los ojos de Wes se comenzaron a empañar. En una cerca de hierro forjado docenas de moños amarillos lucían como flores radiantes. Los niños de la escuela primaria de la iglesia daban saltos de alegría y saludaban hacia su auto. Mantas proclamaban: "¡Le amamos! ¡Bienvenido a casa, señor Anderson!".

Virginia también sintió aparecer las lágrimas.

En junio, portando toga y birrete, Virginia caminó orgullosa por el pasillo de un auditorio y recibió su título. Al no poder asistir por sus deberes eclesiásticos, Wes le mandó flores de felicitación. Unas noches después los dos amigos y sus padres se reunieron a cenar. Tenían mucho en común. Los padres de ambos habían estado casados durante más de cuarenta años; ambos habían crecido dentro de la iglesia metodista.

—¡Incluso hablas como yo! —bromeó Wes.

—Tal vez arrastro las palabras —respondió Virginia divertida—, pero no lo hago tan mal.

En casa Wes terminaba de abotonarse la camisa preparándose para ir a la iglesia cuando de pronto sintió que se caía de espaldas. Cayó exactamente sobre su muñón y gritó en agonía. Pasó los nueve días siguientes en cama. Siempre se había sentido orgulloso de ser independiente y fuerte, ahora, la duda y la depresión lo aplastaban. Hasta empezó a cuestionar su relación con Virginia.

—En verdad me gusta —comentó Wes a Mike—, pero me preocupa que esto sea sólo un acto de compasión. Y es que, bueno, nunca fui una estrella de Hollywood, pero mírame ahora.

—Wes, no eres menos de lo que fuiste antes del accidente —respondió Mike—. Lo que importa es lo que hay adentro.

Pasaron varios días desde la última vez que Virginia supo algo de Wes. Pensó en su último encuentro, una visita al monumento nacional de los bosques de Muir. *¿Habré hecho algo mal?,* se preguntó Virginia. Habían hablado con franqueza sobre su divorcio hacía ocho años y su lucha por conseguir una mejor vida para ella y Steven. Cuando había salido con otros hombres, le había preocupado hasta dónde podrían llegar las cosas, y con Wes eso nunca cruzó por su mente. *Es diferente de todos los demás hombres que he conocido,* pensó Virginia.

Cuando Wes finalmente llamó, invitó a Virginia a la feria estatal y la sorprendió conduciendo su propio auto, recién adaptado para usarse con una sola pierna. Bajo un cielo cubierto de estrellas se sentaron y observaron los fuegos artificiales.

—Comenzaba a preguntarme cuándo te volvería a ver —declaró Virginia.

—Lo siento —respondió Wes—. Lo que sucede es que no tengo mucha experiencia, y si decido salir con alguien, lo tomo en serio. Valoro nuestra amistad y jamás quisiera ponerla en peligro. Yo sólo...

Virginia lo interrumpió:

—Wes, antes de que vayas más lejos...

Wes bajó la mirada. *Aquí es donde ella dirá que sólo seamos amigos.*

—Tienes que saber que me importas como persona —continuó Virginia—, no me interesa si tienes una pierna o dos. Para mí, tú eres un hombre íntegro, una persona completa.

Wes escuchó sorprendido y declaró con la voz entrecortada de emoción:

—Te amo.

—Yo también te amo —respondió Virginia, y se besaron por primera vez.

En esa Pascua, Wes y Virginia ayudaron a organizar un servicio al aire libre al salir el sol. A Wes se le dificultó caminar sobre el pasto húmedo con la pierna artificial y perdió el equilibrio, se cayó y sintió de nuevo las viejas flamas de la ira, la frustración y la duda.

Virginia corrió a su lado pero Wes no levantó la vista, temeroso de lo que pudiera ver. *¿Temor? ¿Compasión?* Él nunca dudó de ella, pero se sintió muy vulnerable, se vio como un hombre adulto, pero inútil.

En ese momento comprendió la verdad. *Me he concentrado en el exterior, cuando es mi interior el que realmente necesita atención.*

Virginia y un amigo ayudaron a Wes a levantarse. Estaba tembloroso y avergonzado, pero al menos no tenía miedo. *Esto es lo que soy,* comprendió, *un hombre que habrá de caerse pero que se levantará cada vez más fortalecido.*

El 27 de mayo de 1995, Wes, con un esmoquin blanco y apretando un bastón negro, entró por una puerta lateral al altar de la iglesia cristiana Carmichael. Luego miró hacia la entrada cuando Virginia, portando un vestido blanco adornado con cuentas, se le acercaba, escoltada por sus padres.

La iglesia estaba llena cuando Mike Cook ofició la ceremonia nupcial.

—Dos son mejor que uno —profirió Mike, leyendo del Eclesiastés—. Si uno cae, su amigo le puede ayudar. Pero es digno de compasión el hombre que cae y no tiene quien le ayude a levantarse.

Al terminar el servicio, Wes se paró frente a un tramo de escalera que conducía a la congregación, y tomando de la mano a Virginia, descendió, escalón por escalón, hasta llegar abajo.

Poco más de un año antes, Wes había cuestionado el plan de Dios.

Ahora no dudaba.

Bryan Smith

Mercancía deteriorada

Las partículas de polvo bailaban en el rayo de sol que suministraba la única luz en la oficina del rabino, quien, sentado en el sillón de su escritorio, se echó hacia atrás y suspiró mientras se acariciaba la barba. Luego tomó sus anteojos de armazón metálica y distraído los limpió con su camisa de franela.

—Así que —declaró el rabino— usted es divorciada y ahora quiere casarse con este buen muchacho judío. ¿Cuál es el problema?

Acunó su barbilla grisácea con la mano y me sonrió tranquilo.

Me dieron ganas de gritar. ¿Cómo que cuál es el problema? Primero, soy cristiana; segundo, soy mayor que él; tercero, y de ningún modo lo menos importante, ¡soy divorciada! De cualquier modo, miré dentro de sus suaves ojos color café y traté de ordenar las palabras.

—¿No cree —tartamudeé— que ser divorciado es como haber sido usada? ¿Como si fuera mercancía deteriorada?

Se acomodó de nuevo en su sillón y se estiró de modo que quedó mirando hacia el techo. Se acarició la poca barba que cubría su mentón y cuello, luego recuperó su lugar detrás del escritorio y se inclinó hacia mí.

—Digamos que usted se tiene que operar. Digamos que puede elegir entre dos médicos. ¿A quién escogería? ¿Al que acaba de salir de la escuela de medicina o al que tiene experiencia?

—Al que tiene experiencia —respondí, y se le arrugó el rostro por la sonrisa.

—Yo también —contestó y fijó sus ojos en los míos—. Así que en este matrimonio usted será la de la experiencia. Eso no es tan malo. "Hay ocasiones en que los matrimonios tienden a perder el rumbo. Se ven atrapados en corrientes peligrosas, se salen de su curso y se dirigen hacia bancos de arena ocultos. Nadie lo advierte sino hasta que es demasiado tarde. En su rostro veo el dolor de un matrimonio que fracasó. En este matrimonio usted será quien perciba si está por perder el rumbo, dará el grito de alerta cuando vea las rocas y lo dará a conocer para recuperar la dirección. Usted será la persona con experiencia —aclaró—. Y créame, eso no es tan malo, nada malo".

Caminó hacia la ventana y atisbó entre las tablillas de la persiana.

—Verá usted, aquí nadie sabe nada de mi primera esposa. No es que lo oculte, pero no hablo mucho al respecto. Ella murió antes de mudarme aquí, al comienzo de nuestro matrimonio. En la actualidad, ya entrada la noche, pienso en todas las palabras que nunca dije, pienso en todas las oportunidades que dejé pasar en ese primer matrimonio y creo que, por la mujer que perdí, ahora soy un mejor marido para mi actual esposa.

Por primera vez comprendí la tristeza en sus ojos. Ahora entendía el porqué opté por hablar con este hombre sobre el matrimonio, en lugar de tomar la ruta fácil de casarnos fuera de ambas religiones. La palabra "rabino" significa maestro. De algún modo supe que él podía enseñarme algo, incluso proporcionarme el valor que necesitaba para intentarlo una vez más; para casarme y amar de nuevo.

—Yo los casaré a usted y a su David —declaró el rabino—, si me promete que usted será quien dé el grito de alerta cuando vea que el matrimonio está en peligro.

Le prometí que lo haría y me levanté para retirarme.

—Por cierto —me dijo mientras me encontraba yo todavía titubeante en el umbral de su puerta—, ¿le han dicho alguna vez que Joanna es un buen nombre hebreo?

Han pasado dieciséis años desde que el rabino nos casó a David y a mí una mañana lluviosa de octubre. Y sí, varias veces he dado el grito de alerta, cada vez que he sentido que nos encontramos en peligro. Le diría al rabino lo mucho que me ha servido su analogía, pero no puedo, ya que murió dos años después de nuestra boda. Pero siempre le estaré agradecida por el inapreciable regalo que me hizo: la sabiduría de comprender que *todas* nuestras experiencias en la vida no nos hacen menos valiosos ni nos incapacitan para amar, sino todo lo contrario.

Joanna Slan

La profecía de la galleta de la fortuna

No hay sorpresa más encantadora que la sorpresa de ser amado; es el dedo de Dios sobre el hombro del hombre.

Charles Morgan

Me casé tres veces antes de llegar a los siete años de edad.

Gary, mi hermano mayor, fue quien celebraba las ceremonias en nuestro sótano. Gary era excelente entreteniendo a los niños de la familia y a los del vecindario con sus creativas ideas. Como yo era el más pequeño de nuestro grupo, a menudo me encontraba en el extremo receptor de su creatividad.

Lo que más recuerdo de esas bodas, es que todas las niñas eran por lo menos cinco años mayores que yo, y que todas tenían bellos ojos que chispeaban cuando reían. Esas bodas me enseñaron a imaginar lo que sería encontrar un día a mi alma gemela y estar seguro de que la reconocería por sus hermosos ojos.

La pubertad me llegó tarde. A los quince años todavía me atemorizaba el sexo opuesto, sin embargo, todas las noches oraba por la muchacha con quien me casaría. Pedía a Dios que la ayudara a salir bien en la escuela, a ser feliz y tener vigor, estuviera donde estuviera y fuera quien fuera.

A los veintiún años besé por primera vez a una muchacha. De ahí en adelante salí con muchas jóvenes hermosas y con talento, buscando a la mujer por quien había orado en mi juventud y todavía seguro de que la reconocería por sus ojos.

Un día sonó el teléfono.

—Don —era mi madre—, ¿recuerdas que te hablé de los Addison, la familia que se mudó junto a nosotros? Bueno, Clara Addison me insiste en que te invite a jugar naipes una noche.

—Lo siento, mamá, tengo una cita para esa noche.

—¿Cómo es posible si ni siquiera te he dado la fecha? —respondió mi madre exasperada.

—No importa cuándo. Estoy seguro de que los Addison son gente agradable, pero no voy a perder una noche haciendo vida social con personas que no tienen hijas solteras.

Así de terco era, estaba seguro de que no había razón para que yo fuera a visitar a los Addison.

Pasaron los años, llegué a los veinticinco y mis amigos se empezaron a preocupar por mis perspectivas. Me siguieron concertando citas con desconocidas, muchas de las cuales fueron un fiasco e interferían con mi vida social. Así que fijé ciertas reglas para este tipo de citas:

1. Ninguna cita recomendada por mi madre (las mamás no entienden el factor del atractivo sexual).
2. Ninguna cita recomendada por una mujer (se sobrevaloran unas a otras).
3. Ninguna cita recomendada por un amigo soltero (si ella es tan magnífica, ¿cómo es que él no ha salido con ella?).

Con tres simples pasos eliminé el 90 por ciento de mis citas a ciegas, incluso una propuesta de mi vieja amiga Karen. Karen me llamó una noche para decirme que se había hecho buena amiga de una hermosa muchacha que la hacía pensar en mí. Dijo que sabía que nos entenderíamos muy bien.

—Lo siento —declaré—, estás descalificada por la regla número dos.

—Don —exclamó—, estás loco y tus absurdas reglas están eliminando a la chica que has estado esperando. Pero haz lo que quieras, sólo anota su nombre y número telefónico, y cuando cambies de opinión, llámala.

Para que Karen me dejara de molestar con eso, le aseguré que lo haría. El nombre de la muchacha era Susan Maready. Jamás le llamé.

A las pocas semanas me topé con mi viejo camarada Ted en la cafetería de la universidad.

—¡Ted —exclamé—, te ves como si anduvieras sobre nubes!

—¿Puedes ver estrellas bajo mis pies? —contestó riendo—. Lo que sucede es que anoche me comprometí.

—¡Hey, felicidades!

—Gracias —manifestó—, a los treinta y dos años ya estaba dudando que alguna mujer me pudiera amar —sacó de su bolsillo su cartera y, tomando una actitud seria, continuó—: Mira, ve esto.

Era una tira delgada de papel de las que uno encuentra dentro de las galletas de la fortuna, que sentenciaba: "Te casarás antes de un año".

—Es una locura —exclamé—. Casi siempre dicen algo que se le puede aplicar a cualquiera, como: "tienes personalidad magnética". Con esa se arriesgan un poco más.

—No es broma —respondió—, y mírame ahora.

Unas semanas después, mi compañero de cuarto, Charlie, y yo fuimos a cenar a un restaurante chino. Le platiqué esta historia sobre la predicción de la galleta de la fortuna de Ted y su subsecuente compromiso. En ese momento el mesero nos traía nuestras galletas de la fortuna de postre. Charlie se rió de la coincidencia cuando abrimos nuestras galletas. La mía decía: "Tienes una personalidad magnética", la suya: "Tú o un buen amigo se casarán en menos de un año". Un escalofrío me subió por la columna vertebral. Era realmente extraño. Algo me impulsó a que le pidiera a Charlie que me permitiera quedarme con su papelito de la fortuna, a lo que accedió con una sonrisa.

No había pasado mucho tiempo de eso cuando mi compañero de clase Brian me dijo que me quería presentar a una joven de nombre Susan Maready. Estaba seguro de haber escuchado ese nombre antes, pero no podía recordar cuándo o dónde. Como Brian estaba casado, no rompía mis "reglas" sobre los hombres solteros, así que acepté su ofrecimiento para conocer a Susan.

Susan y yo hablamos por teléfono y planeamos un paseo en bicicleta y una comida campestre. Después nos conocimos, y tan pronto la vi, mi corazón comenzó a latir con fuerza sin poderse detener. Los grandes ojos verdes de Susan me produjeron algo que no me podía explicar pero que mi interior sabía que era amor a primera vista.

Después de esa maravillosa noche recordé que no era la primera vez que alguien quería que conociera a Susan. Todo me vino a la mente. Su nombre me había estado apareciendo por todas partes durante mucho tiempo. Así que en cuanto pude platicar con Brian a solas, le pregunté qué sabía él. Se mostró indeciso y trató de cambiar de tema.

—¿Qué sucede, Brian? —pregunté.

—Tendrás que preguntárselo a Susan —fue todo lo que respondió.

Y así lo hice.

—Te lo iba a decir —manifestó ella—. Te lo quería decir.

—Anda, Susan —insistí—. ¿Decirme qué? No me gusta estar en suspenso.

—He estado enamorada de ti por años —profirió—, desde la primera vez que te vi por la ventana de la sala de los Addison. Sí, yo soy la muchacha que ellos querían que conocieras, pero tú no dejabas que nadie nos presentara. No permitiste que los Addison nos reunieran, no te fiaste de la palabra de Karen de que nos agradaríamos; ya pensaba que nunca te iba a conocer.

Mi corazón se inflamó de amor y me reí de mí mismo.

—Karen tenía razón —manifesté—. Mis reglas eran una locura.

—¿No estás enojado? —preguntó.

—¿Bromeas? —respondí—. Estoy impresionado. Ahora tengo una sola regla para las citas a ciegas.

Me echó una mirada de extrañeza y preguntó:

—¿Cuál es?

—Que no habrá más reglas —contesté y la besé.

A los siete meses ya estábamos casados.

Susan y yo estamos convencidos de que somos espíritus verdaderamente afines. Cuando tenía quince años y rezaba por mi futura esposa, ella tenía catorce y rezaba por su futuro esposo.

Después de algunos meses de casados, Susan me preguntó:

—¿Quieres oír algo en verdad extraño?

—Claro —contesté—. Me encanta escuchar relatos de cosas extrañas.

—Bueno, hace unos diez meses, antes de que te conociera, mis amigas y yo fuimos a un restaurante chino, y...

Sacó de su cartera una tira de papel de una galleta de la fortuna:

"Te casarás antes de un año...".

Don Buehner

Fuerza de voluntad

El ministro acababa de terminar su conferencia sobre el matrimonio en el centro comunitario de la localidad cuando lo abordaron tres parejas. Impresionados por su presentación, le preguntaron si podían incorporarse a su iglesia.

—¿Están casados? —preguntó el ministro. Las tres parejas le aseguraron que sí lo estaban y de nuevo preguntaron si podían ser miembros de su congregación—. Bueno, estoy impresionado por su sinceridad —respondió el ministro—. Pero necesito saber si tomarán en serio su compromiso para la disciplina espiritual. Así que para demostrar esto, tienen que pasar una prueba.

—Haremos cualquier cosa —insistieron las tres parejas.

—Muy bien —explicó—, entonces esta es su prueba: tendrán que practicar la abstinencia total de la intimidad matrimonial durante tres semanas.

Las parejas aceptaron y se fueron, prometiendo regresar al final de ese periodo.

Tres semanas más tarde las tres parejas se reunieron de nuevo con el ministro en su estudio en la iglesia.

—Me da gusto volverlos a ver —comenzó el ministro, y dirigiéndose a la primera pareja, preguntó—: Bien, ¿cómo les fue a ustedes?

—Hemos estado casados durante casi treinta años —contestó el esposo—. Así que no hubo problema.

—¡Espléndido! —exclamó el ministro—. Bienvenidos a mi iglesia —entonces miró a la segunda pareja y preguntó cómo les había ido con la prueba.

—Bueno, tengo que admitir que no fue fácil —explicó la esposa—. Verá usted, nosotros sólo hemos estado casados cinco años, así que sentimos la tentación, pero no caímos, y me es grato hacerle saber que aguantamos las tres semanas completas.

—¡Bien por ustedes! —respondió el ministro con una sonrisa—. Bienvenidos a mi iglesia —el ministro se dirigió entonces a la tercera pareja, unos recién casados—. ¿Y a ustedes? —preguntó con dulzura—, ¿cómo les fue con la prueba?

—Bueno, pastor, no le puedo mentir a usted —comenzó el esposo—. Todo iba muy bien hasta esta mañana, justo después del desayuno, cuando mi esposa se agachó para recoger una caja de cereal que se le cayó al piso. Los dos nos lanzamos al mismo tiempo para recogerla y nuestras manos se tocaron. De inmediato sentimos tanta pasión que dimos rienda suelta a nuestros deseos en ese preciso instante.

—Aprecio su honestidad —respondió el ministro a la pareja—. Pero ustedes no pasaron la prueba y temo que no puedo dejarlos entrar en mi iglesia.

—Está bien, pastor —contestó el hombre—, tampoco nos van a permitir entrar de nuevo a ese supermercado.

Barbara De Angelis, doctora en filosofía

Desnudarse por amor

En una cálida noche primaveral de abril, en la base aérea de Iraklion, en Creta, salí de mi dormitorio con una amiga y decidí echar un vistazo a una fiesta que se realizaba en la base. Sin novio por el momento, mis ojos automáticamente barrieron a la multitud en busca de un prospecto, y se detuvieron en Frank.

Ya lo había visto antes en la base y siempre me parecía atractivo: alto y delgado, cabello negro ondulado, bigote, parecido a Jim Croce. Me detuve junto a él e inicié la conversación.

Mientras platicábamos observé que tenía una dulce sonrisa y un atractivo acento neoyorquino. (Tremendamente exótico para una muchacha que había crecido entre los maizales de Indiana). Pero no fue sólo su buen ver y acento lo que me cautivó. Era un muchacho en verdad agradable con quien se podía platicar y, lo mejor de todo, que me hacía reír.

Estaba tan absorta con Frank y su deliciosa conversación, que al principio no me percaté de la conmoción a nuestro alrededor. Demasiado tarde levanté la vista sólo para ver un destello de carne desnuda desaparecer a la vuelta de la esquina del edificio. Todos a nuestro alrededor reían como histéricos y señalaban en esa dirección. De pronto comprendí lo que me había perdido.

—¡Mis primeros desnudistas! —exclamé agitada. Y luego reprendí a Frank echándole la culpa—: ¡Y me los perdí por ti!

Frank me miró como si en verdad estuviera apenado.

—Lo siento, les pediré que lo hagan de nuevo para ti.

No pensé que Frank hablara en serio, pero antes de que pudiera decir una palabra, se levantó del suelo donde estábamos sentados y desapareció a la vuelta de la esquina del dormitorio.

Unos cuantos minutos después escuché el estruendo de risas de la multitud. Giré la cabeza y ahí estaban los dos desnudistas tan desvestidos como bebés, corriendo de nuevo como demonios enloquecidos por el tramo de césped entre dos dormitorios. De pronto mis ojos se agrandaron. Un tercer relámpago desnudo acompañaba a los otros dos. Era alto y delgado, con cabello negro ondulado y bigote, parecido a Jim Croce.

Unos minutos después reapareció a mi lado con respiración entrecortada, actuando como si nada hubiese sucedido. Resultaba extraño que Frank se hubiese perdido todo el asunto, o por lo menos eso dijo.

—Gracias —expresé algo seca—, no tenías que pasar por tantos problemas para impresionarme.

Se encogió de hombros con una sonrisa disimulada.

—Bueno, no podía dejar que te perdieras de tus relámpagos desnudos.

¿Qué podía yo decir? Lo había hecho por mí.

Ese fue el inicio de nuestra relación. Han pasado veintitrés años y tenemos dos maravillosos hijos adultos. Frank ya no hace nudismo, considera que ya no corresponde a su estilo de vida, pues ahora es un respetable programador de computación.

Bueno, todavía se desnuda, pero no para el público en general.

Todos los que se enteran de la historia de nuestro primer encuentro piensan que vi algo especial que me gustó esa noche cuando Frank pasó como relámpago frente a mí "en cueros". Me gustó... su *personalidad.*

Carole Bellacera

Limonada y una historia de amor

El amor es el camino que yo transito por gratitud.

A Course in Miracles

Conduciendo por una desértica carretera de Indiana, me topé con un anuncio de "limonada fresca" y me dirigí hacia allá. Esperaba una estación de gasolina o una tienda, pero para mi sorpresa, se trataba de una casa. Un anciano se hallaba sentado en el pórtico. Cuando salí de mi auto nadie más se veía en los alrededores. El viejo me sirvió limonada y me invitó a sentarme. Todo estaba muy tranquilo, no había nada a la vista, excepto maizales, el cielo y el sol.

Hablamos del clima y de mi viaje. Me preguntó si tenía familia. Le expliqué que estaba recién casado y que esperaba algún día tener hijos. Pareció complacido de que todavía hubiera gente para la cual la familia fuera importante. Entonces me narró su historia, y la comparto porque es algo que no puedo olvidar.

"Hay algo especial en la familia. Una esposa, hijos, un hogar propio. La paz mental que llega cuando uno hace lo correcto. Recuerdo cuando tenía su edad", manifestó.

"Pensaba que no tendría oportunidad de casarme, ya que no provenía de una familia grandiosa, pero perseveré. Mis padres me amaron tremendamente y ahora comprendo que sus intenciones hacia mí fueron buenas. Pero fue difícil. Recuerdo muchas noches acostado en la cama, pensando: *No me voy a arriesgar a un divorcio. ¿Una esposa?*

¿Una familia? ¿Para qué? Estaba convencido de que nunca me atrevería a exponer a mis hijos a un divorcio.

"Ya de adolescente experimenté nuevas emociones, sin embargo, no creía en el amor. Pensaba que sólo era apasionamiento pasajero. Tenía una amiga que en octavo grado se enamoró de mí. Ambos teníamos miedo de hacerle ver al otro lo que sentíamos, así que sólo platicábamos. Se volvió mi mejor amiga. Durante toda la secundaria fuimos como uña y mugre", sonrió.

"Ella también tenía problemas en su familia. Yo traté de ayudarla a salir adelante, hice mi mejor esfuerzo para ver por ella. Era lista y también hermosa. Otros compañeros la querían para sí. Y como esto es entre usted y yo", me guiñó el ojo, "yo también quería que fuera para mí.

"Una vez intentamos ser novios, pero las cosas fallaron y no nos hablamos durante nueve meses. Luego, un día en clase tuve el valor de escribirle una nota. Ella la contestó y las cosas empezaron a mejorar. Después ella se fue a la universidad".

El viejo sirvió más limonada.

"Ella se fue a estudiar a Minnesota, donde vivía su padre", recordó. "Yo quería jugar beisbol. En todas las escuelas me rechazaban, hasta que finalmente me aceptaron en una pequeña escuela, ¡también en Minnesota! Fue tan irónico, y cuando se lo dije, ella lloró.

"Empezamos a ser novios. Recuerdo haberla besado por primera vez en mi recámara. Mi corazón latía con fuerza porque temía ser rechazado, pero nuestra relación se consolidó. Después de la universidad logré jugar beisbol. Entonces me casé con esa dulce muchacha que era mía. Nunca me habría imaginado que caminaría con ella por el pasillo de la iglesia".

"¿Tuvieron hijos?", pregunté.

"¡Cuatro!", sonrió. "Todos estudiaron, les enseñamos la mejor manera de vivir a nuestro entender. Ahora todos son mayores y tienen sus propios hijos. Me sentí muy orgulloso al verlos cargar a sus bebés. Entonces supe que valía la pena vivir.

"Cuando los hijos dejaron el hogar, mi esposa y yo nos fuimos de viaje juntos, tomados de la mano como si fuéramos jóvenes de nuevo. Eso es lo bello de todo, verá. Al pasar los años, mi amor por ella siguió en aumento. Claro que peleábamos, pero el amor prevalecía.

"No sé cómo explicar el amor que sentía por mi esposa", manifestó, moviendo la cabeza. "Nunca nos abandonó, nunca murió, sino todo lo contrario, se fortaleció. En mi vida cometí muchos errores, pero nunca me arrepentí de haberme casado con ella.

"El Señor sabe lo difícil que puede ser la vida", añadió, viéndome a los ojos. "Tal vez sea yo muy viejo para comprender cómo funciona el mundo ahora, pero cuando miro hacia atrás, estoy seguro de algo: nada en este mundo es más poderoso que el amor: ni el dinero, ni la voracidad, ni el odio o la pasión. Las palabras no pueden describirlo. Los poetas y escritores lo intentan, pero no pueden porque es diferente para cada persona. Como se puede ver, amo mucho a mi esposa, y todo el tiempo que pase enterrado en mi tumba con ella a mi lado, ese amor seguirá ardiendo en todo su esplendor".

De pronto vio mi vaso vacío. "Lo he detenido mucho más tiempo del que usted probablemente hubiera querido", se disculpó. "Espero que haya disfrutado su limonada. Cuando se vaya, recuerde amar a su esposa e hijos con todo lo que tenga, todos los días de su vida, porque uno nunca sabe cuándo se puede terminar".

Caminando hacia mi auto, sentí la fuerza de sus palabras. Me impresionó que este hombre, quien supuse había perdido a su esposa hacía años, la amara aún con pasión. Me invadió la tristeza cuando pensé lo solo que debía estar, con su limonada y algún huésped ocasional.

Cuando tomé de nuevo la carretera, no podía sacarme al hombre de la cabeza. De pronto recordé que no le había pagado la limonada, así que di vuelta a mi auto y regresé. Al acercarme a la casa, vi otro coche en el camino de entrada. Me sorprendió el que alguien más también se hubiese detenido ahí.

Caminé hacia el pórtico, por ningún lado se veía al hombre. Me incliné para dejar el dinero en su silla y se me ocurrió mirar por la ventana. Ahí estaba el viejo, a la mitad de la sala, ¡bailando lentamente con su esposa!

Moví la cabeza cuando por fin comprendí. Después de todo no la había perdido, ella sólo había salido esa tarde.

Han pasado varios años desde ese incidente, sin embargo, todavía pienso en ese hombre y su esposa. Espero vivir el tipo de vida que ellos vivieron y transmitir nuestro amor a mis hijos y nietos como ellos lo hicieron. Y espero ser un abuelo que pueda bailar lentamente con su esposa, sabiendo que, en efecto, no hay mayor bendición que el amor.

Justin R. Haskin

Una segunda oportunidad

La trayectoria del amor verdadero jamás fue serena.

Sueño de una noche de verano

El tiempo pasó. Año tras año. Primero, algunos años, luego, una docena, después, dos docenas. Hubo matrimonios entretanto. Hubo hijos. Sus vidas tomaron dos rumbos diferentes, y sin embargo, muy paralelos. En honor a su amor, Ingrid Kremeyer solía descender la escalera hacia el sótano y sacar una caja vieja que yacía entre los frascos de mermelada y las cajas de manzanas.

Ahí estaba la prueba de su amor, guardada durante mucho tiempo en esta caja, expresado una y otra vez en docenas de cartas que habían sido escritas en un periodo de tres años, después de la segunda guerra mundial. La caja viajó de Alemania a Estados Unidos y acompañó a Ingrid a todos lados donde ella fue durante más de medio siglo. Las palabras escritas atestiguaban un amor tan fuerte y profundo que ni el tiempo podía destruir.

Aunque el soldado norteamericano le envió una sola carta llamándola "querida Jane", ella nunca dudó ni por un instante que él la amara, ni después de cuarenta y siete años. Lo supo entonces, y lo sabía ahora, que ellos habían sido hechos el uno para el otro, aunque eso significara que fuera sólo en sus corazones y recuerdos ensombrecidos.

Se conocieron en 1949, cuando se estableció el puente aéreo con Berlín, donde Ingrid trabajaba con más de una docena de soldados estadounidenses en la oficina de una base de la fuerza aérea en el norte de Alemania. En vista de que hablaba inglés, su talento se utilizó en el trabajo de oficina, además de que no tenía problemas para entender a los soldados que continuamente le pedían que saliera con ellos.

La mayoría de los soldados sólo tenían diecinueve años, igual que ella; no eran lo bastante mayores, en lo que a ella concernía, como para tomarlos en serio. Pero uno de los soldados con un agradable acento sureño le intrigaba. Lee Dickerson tenía veintiséis años, era delgado y atractivo. Ella esperaba, pero pasaban los meses y él no le pedía una cita. Trataba de no hacerse muchas ilusiones, tal vez tuviera novia.

Cuando se planeó un festejo del 4 de julio al estilo americano, Ingrid estaba indecisa ante las numerosas peticiones que tenía para ir. Por lo menos siete soldados le habían pedido que los acompañara. Por lo menos siete soldados fueron rechazados. Tenía la esperanza de que Lee le pidiera que lo acompañara, aunque no lo había visto en todo el día.

Apareció justo unos minutos antes de que salieran del trabajo. El corazón de Ingrid latió con violencia, tal vez era el momento. Él la invitó. A ella le encantaría ir, le explicó, pero no podría enfrentar a los otros soldados a quienes había rechazado.

—Yo arreglo eso —declaró Lee, abriendo la puerta y preguntando a los otros—: ¿Qué tal si nos acompaña Ingrid al festejo de hoy en la noche?

Y así es como Ingrid fue, tomada de la mano de Lee y escoltada por una pequeña brigada. La noche fue la felicidad perfecta. Hubo fuegos artificiales, además de los que se encendieron en los ojos de Ingrid. A Lee le sucedió lo mismo, y cuando la llevó a su casa, le dio un beso de buenas noches. "Fue cuando supe que este muchacho era para mí", manifestó Ingrid. "Desde el principio yo sabía lo que iba a decir antes de que hablara".

Desde esa noche en adelante, los dos fueron inseparables. Pero sólo les quedaban cuatro meses antes de que Lee fuera enviado de regreso a Estados Unidos.

Cada momento que tenían libre lo pasaban juntos, paseando por parques o bosques, visitando el club de la Fuerza Aérea o llevando a los padres de ella a cenar. En aquella época no había mucho qué hacer en Celle, así que se sentaban en pequeños merenderos a platicar y platicar.

La conversación se fue haciendo cada vez más seria. Lee quería casarse, quería que ella fuera a Estados Unidos. Ingrid estaba encantada, al igual que sus padres. Pero la pareja no podía prever el futuro. El día que Lee partió para regresar a la base Hamilton de la Fuerza Aérea en el norte de San Francisco, a los dos les golpeó la soledad, pero no se desanimaron porque sabían que tan pronto Lee pudiera arreglarlo, llevaría a su futura esposa a casa.

Lo que el piloto no sabía cuando dejó Alemania, es que al personal militar no se le permitía responsabilizarse de llevar inmigrantes a Estados Unidos. Lee estaba desesperado, así que decidió regresar a Alemania para ver a Ingrid y solicitar su reinstalación. Varias veces se le denegó; en un momento dado hasta pensó que iba a tener la oportunidad de regresar, y que lo había logrado.

Pero no, sufrió un severo ataque de apendicitis y se le hospitalizó durante varios días. Su unidad se fue sin él. Luego llegó su nueva transferencia, sería asignado a Asia durante los siguientes tres años, tal vez para servir en la guerra de Corea.

Al tomar la decisión más difícil de su vida, como "cortarse una mano", Lee escribió a su amada: "Sencillamente no se nos iba a dar. Te deseo una vida plena de felicidad".

Y se perdió el contacto.

Años más tarde Ingrid se mudó a Nueva York para vivir con una tía que de inmediato trató de casarla con un anciano adinerado. Cuando Ingrid rechazó su propuesta, la tía se enojó tanto que Ingrid se encontró al poco tiempo en un avión rumbo a Chicago para encontrarse con la única otra persona que conocía en Norteamérica. Era un antiguo compañero de clase de la universidad. Fueron buenos amigos, y aunque él siempre supo que ella estaba enamorada de otro hombre, la desposó. Ted e Ingrid tuvieron dos hijos, Karl y Kevin. Su matrimonio fue bueno, pero Ingrid seguía descendiendo las escaleras para leer las cartas de Lee. Lloraba mucho pensando en lo que pudo haber sido. Lloró todavía más cuando Ted, a la edad de cuarenta y un años, murió repentinamente una Nochebuena. Había sido un buen hombre y un buen marido que comprendió su amor por Lee. Entonces decidió que ni siquiera pensaría en otra relación seria y se consagró a su prioridad número uno, educar a sus dos hijos. El amor se escabulló de Ingrid dos décadas más, tuvo mucho tiempo para pensar en eso.

Lee, por su parte, se había jubilado de su trabajo como director de contratos de una compañía de aeronaves en Hughes, se había casado dos veces y tenido dos hijos. Los últimos años habían sido terribles viendo a su segunda esposa morir lentamente de cáncer pancreático. No sentía que tuviera mucho por qué vivir. Sencillamente vivía en soledad sintiendo como si flotara, hasta que llegó la misiva.

Abrió la carta, era de Ingrid. "Qué impacto, después de todo este tiempo, y está en Estados Unidos. Aquí está mi futuro, justo aquí".

Se sentó y le escribió una respuesta que envió ese mismo día.

Tal vez tuviera una nueva oportunidad para enamorarse. Jamás había olvidado a Ingrid.

La última vez que Ingrid había sacado la caja y llorado durante una hora, ya estaba jubilada y sólo trabajaba medio tiempo enseñando alemán en la universidad. En aquella ocasión se preguntó: *¿por qué no buscarlo?* Sus hijos ya eran mayores y se habían ido. ¿Quién sabía qué había pasado en la vida de Lee? La siguiente semana se obsesionó en rastrear a Lee. De pronto recordó que uno de sus alumnos era un oficial de la marina jubilado, le preguntó y él le proporcionó el número telefónico del Centro de Jubilados de la Naval.

Se sentó unos treinta minutos al teléfono, sin aliento, a la espera, con el corazón latiéndole a toda velocidad. Sí, había tres Lee Dickerson que se habían jubilado, uno en cada rama de la milicia. Era obvio que él era el que había servido en la fuerza aérea. El centro remitiría una carta. El importe sería de 3.50 dólares. En la carta, Ingrid escribía a Lee que tenía "un urgente deseo" de encontrarlo y la terminaba con: "Espero no estarme haciendo tonta al acceder a este impulso".

Cuando la carta llegó a su buzón, Ingrid supo de inmediato que era de Lee. Cuarenta y siete años después todavía pudo reconocer en un segundo su caligrafía. La abrió, pero su entusiasmo apenas le permitía leer. Le decía que estaba jubilado, que era viudo y estaba asombrado de que lo hubiera encontrado, que no la había olvidado, pero que pensaba que era mejor escribir que llamar para "volver a encender una antigua flama".

Ingrid decidió no escribir, de ninguna manera. Ella seguía siendo la animada muchacha de diecinueve años que él conoció en Alemania hacía tantos años. Nunca perdió eso, así que corrió al teléfono y llamó a Lee, pero se desilusionó cuando la voz de una grabadora contestó. Esa noche él la llamó y platicaron horas enteras. Decidieron encontrarse en Tucson porque Ingrid pensaba ir ahí a ver a su hijo y el hijo de Lee vivía también en Arizona.

En el avión Ingrid comenzó a aterrorizarse. ¿Qué había hecho? ¿Estaba loca? De inmediato debía olvidar todo esto. Si tan sólo pudiera imaginar alguna forma de salir del avión. Pero al descender las emociones se tranquilizaron.

Miró a Lee, todavía alto y casi tan delgado como a los veintiséis años. Se fundieron en un abrazo y pasaron una semana juntos tratando de ponerse al día. "Era como si cuarenta y siete años se hubieran esfumado", manifestó

Ingrid. "Nos abrazamos y nos besamos, y no nos separamos el uno del otro".

Cuando ambos retornaron a sus hogares, acordaron encontrarse a los pocos meses, pero Ingrid no podía soportar de nuevo la separación. "Fue tan difícil separarnos", exclamó irritada, "sencillamente fue horrible".

Lee voló a Chicago para visitarla, pero le preocupó lo que pudieran pensar los vecinos de Ingrid, a lo que ella respondió: "¿A quién le importan los vecinos? Al diablo con los vecinos".

Esta vez, Ingrid y Lee supieron que se casarían. No había nada que se los impidiera.

Se casaron el 2 de enero de 1997, a bordo del viejo transatlántico *Queen Mary*, en Long Beach. Ella usó un vestido blanco hasta las rodillas. Él usó su uniforme de la fuerza aérea norteamericana con la condecoración de hoja de roble de comandante. Ella tenía ahora sesenta y siete años, él, setenta y cuatro. A su boda asistieron unos setenta parientes y medios de comunicación internacionales interesados profundamente en la segunda oportunidad de esta aventura amorosa.

Después de que cesó el zumbido de las cámaras de televisión y la familia se retiró, Lee e Ingrid se establecieron en esa tranquila vida que habían tratado de iniciar cuando eran jóvenes.

Para el último capítulo que ahora termina tan tierno, Ingrid escribió:

"Mi corazón se desborda de felicidad al saber que mi primer amor también será el último".

Diana Chapman

3

SOBRE EL COMPROMISO

A hora unan sus manos, y con sus manos sus corazones.

William Shakespeare

Cincuenta maneras
de amar a su pareja

1. Primero ámese cada uno a sí mismo.
2. Empiecen el día abrazándose.
3. Desayunen en la cama.
4. Díganse "te amo" cada vez que se separen.
5. Elógiense en forma espontánea y sincera.
6. Reconozcan y festejen sus diferencias.
7. Vivan cada día como si fuera el último.
8. Escríbanse cartas de amor inesperadas.
9. Planten una semilla juntos y cuídenla hasta su madurez.
10. Salgan juntos una vez por semana.
11. Envíe flores sin razón alguna.
12. Acepte y ame a los amigos y la familia del otro.
13. Escríbanse notas que digan "te amo" y colóquenlas por toda la casa.
14. Deténganse e inhalen el aroma de las rosas.
15. Bésense sorpresivamente.
16. Disfruten hermosas puestas de sol juntos.
17. Sean sinceros al disculparse.
18. Sean indulgentes.
19. Recuerden el día en que se enamoraron, y reconstrúyanlo.
20. Tómense de las manos.
21. Díganse "te amo" con los ojos.
22. Permita que ella llore en sus brazos.
23. Exprésele que lo comprende.
24. Brinden por su amor y compromiso.

25. Hagan algo que los anime.
26. Permítale que ella lo dirija cuando esté perdido.
27. Ríanse de sus chistes.
28. Aprecien su belleza interior.
29. Hagan las tareas de la otra persona por un día.
30. Alienten sueños maravillosos.
31. Exprésense muestras de afecto en público.
32. Dense masajes amorosos sin restricciones.
33. Escriban un diario de su amor y registren momentos especiales.
34. Tranquilice los temores del otro.
35. Caminen descalzos juntos por la playa.
36. Pídale a ella que se case de nuevo con usted.
37. Responda con un sí.
38. Respétense el uno al otro.
39. Sea el mayor admirador de su pareja.
40. Dé el amor que su pareja desea recibir.
41. Dé el amor que usted desea recibir.
42. Muestre interés en el trabajo del otro.
43. Trabajen juntos en un proyecto.
44. Constrúyanse una fortaleza con mantas.
45. Colúmpiense tan alto como puedan en un columpio a la luz de la luna.
46. Hagan un día de campo dentro de casa en un día lluvioso.
47. Nunca se acuesten enojados.
48. Ponga a su pareja primero en sus oraciones.
49. Dense un beso de buenas noches.
50. Duerman muy juntos.

Mark y Chrissy Donnelly

Salvé la vida de mi esposo

Donde reina el amor se puede esperar hasta lo imposible.

Proverbio hindú

Era una clara mañana del viernes 30 de agosto de 1991. Mi esposo Deane y yo estábamos disfrutando de unas vacaciones largamente planeadas para acampar en el hermoso Parque Nacional Glacier de Montana; nuestro primer viaje desde que se jubilara a principios de ese año. La semana anterior habíamos viajado en auto desde nuestro hogar, en Holland, Michigan, y habíamos explorado varios sitios del parque. Hoy íbamos a iniciar nuestra octava caminata.

—¿Llevas tu cámara? —le pregunté a Deane al salir de nuestra pequeña tienda de acampar automática—. ¿Y qué hay de las galletas para el almuerzo?

Deane asintió con la cabeza, sonriendo.

—Sí, querida —respondió irónico golpeando su mochila al hombro—. Estamos listos para partir.

Arrancamos sin prisa, disfrutando la frescura del aire al tomar un camino angosto cuesta arriba por la inclinada ladera boscosa. De cuando en cuando saludábamos a otros acampantes en la vereda, o estudiábamos la cima de una montaña distante con mis binoculares. A las 12:30 p.m. habíamos recorrido casi cinco kilómetros y decidimos detenernos para almorzar.

Después de compartir una sencilla comida de queso y galletas, nos dispusimos a regresar al campamento, pero en eso apareció otra pareja por el sendero que venía de arriba.

—No se detengan ahora —manifestó la mujer—. Por lo menos vean el lago Iceberg, está a sólo tres kilómetros subiendo por este sendero decidimos continuar cuesta arriba como ella lo había sugerido.

Eran casi las 3:00 p.m. cuando llegamos al lago, plácido, claro como el cristal, rodeado de un enloquecedor arreglo de flores silvestres de radiantes colores. Haciendo honor a su nombre, pequeños icebergs flotaban en la plácida superficie.

—¡Oh, Deane! ¿No es *hermoso*? —exclamé. Nos detuvimos, tomados de la mano, para embriagarnos del tranquilo paisaje.

Después de cuarenta y tres años de matrimonio, Deane era mi mejor amigo. Ambos crecimos en el mismo poblado de Dakota del Sur. Deane tenía dieciséis años y yo era sólo ocho meses menor cuando nos conocimos en la escuela dominical. Empezamos a salir y nos casamos en menos de tres años.

Ahora, después de cinco hijos y quince nietos, esperábamos seguir disfrutando juntos nuestros "años dorados" mientras tuviéramos la suficiente energía como para salir y hacer cosas. A los sesenta y dos años de edad me sentía sólo un poco más vieja que cuando tenía treinta y cinco. Aunque teníamos algunos problemas de salud —Deane estaba en los límites aceptables de la diabetes y yo estaba tomando medicamentos para el corazón—, el seguir activos nos había mantenido en buena condición.

Al dejar el lago Iceberg, Deane y yo comenzamos a bajar la montaña de regreso. Habíamos caminado un buen trecho cuando llegamos a una curva del camino. Al dar la vuelta escuché a Deane resollar y sentí su apretón de alarma en mi brazo. Al instante vi el porqué: justo ante nosotros una osa gris y sus dos críos algo crecidos giraban, sorprendidos, para hacernos frente.

Se encontraban a muy corta distancia de nosotros. Las orejas de la osa se inclinaron hacia adelante, los ojos estaban fijos en nosotros. Sin moverse emitió un desagradable gruñido, con lo que sus oseznos se alejaron.

—Dios mío —susurró Deane—. Lorraine, creo que estamos en problemas.

Justo dos noches antes habíamos asistido a la conferencia de un guardabosques del parque sobre osos salvajes.

—Pongámonos en posición fetal como nos enseñó —susurré—. Finjamos que estamos muertos.

Me agaché, bajé la cabeza y coloqué las manos detrás del cuello. Sentí cómo atrás de mí Deane hacía lo mismo.

Pero era demasiado tarde. Levanté la vista entre mis codos para ver la embestida de la osa. Saltó hacia adelante con un gruñido grave y retumbante, revelando sus colmillos. Con los músculos en movimiento bajo su grueso pelambre café, cubrió la distancia hasta nosotros en tres poderosos saltos con las quijadas en plena muestra de querer morder con furia. Junto a mí, Deane lanzó un agudo chillido; luego, con horror, escuché su agonizante alarido. La osa se había abalanzado sobre él hundiéndole los colmillos en la espalda y el estómago. Agarrándolo con las quijadas lo sacudió con violencia de un lado a otro y luego lo arrojó salvajemente en el aire como muñeco de trapo. Apenas había tocado el suelo cuando de nuevo se lanzó sobre él, gruñendo y mordiendo. Yo podía escuchar sus colmillos haciendo pequeños chasquidos y perforándole la piel, mientras Deane gritaba de dolor.

Todavía arrodillada, me era imposible creer lo que veía. Con el rabillo del ojo vi al enorme animal lanzarlo de nuevo y después, apresando su mano derecha, lo comenzó a arrastrar hacia la maleza.

—¡Oh, santo Dios, no así! —suplicaba—. ¡Por favor, no así!

De algún modo, su desesperada súplica me hizo entrar en acción. Con una oración en silencio me levanté y me le acerqué, pero no tenía nada con qué luchar, ni siquiera un palo. Al ver mis pesados binoculares, de pronto recordé el consejo que recibí una vez de mi padre años antes cuando trabajaba en nuestra granja, la que a menudo se veía plagada de lobos y coyotes. "Si alguna vez te acorrala algún animal salvaje", me explicó papá, "pégale en la nariz, que es donde son más sensibles". Decidí usar los binoculares como arma e ir tras ella en ese instante.

Enrollé con fuerza la gruesa correa de plástico alrededor de mi mano derecha y luego, girando los binoculares por arriba en el aire, ataqué a la osa. Mi primer golpe aterrizó directo en su amplia nariz negra. Al sentir el golpe de los binoculares, tiré de ellos hacia abajo, arañando deliberadamente su trompa. Aunque retrocedió, no soltó a Deane. *Señor, ayúdame,* supliqué, entonces levanté de nuevo los binoculares y los volví a girar. A pesar de que escuchaba a mi esposo quejándose a mis pies, no me atrevía a bajar la vista. Tenía que mantener la atención en la nariz de la osa y usar toda mi práctica adquirida en el golf y lanzando herraduras, para tener buena puntería y hacer que cada golpe fuera certero.

Por fin, después del cuarto golpe, la osa soltó la mano de Dean y se irguió, enardecida, cuan larga era. Me enfrenté al animal por sobre el cuerpo sangrante de mi esposo, con mis ojos al nivel de su pecho. Sus garras amarillas y negras, largas y curvadas, estaban justo a unos centímetros de mi rostro. Resistí el impulso de hacer contacto visual pensando que eso podría enfurecerla más.

Tomé aire, giré de nuevo los binoculares y esta vez pareció ver venir el golpe. Con otro gruñido apagado se tiró de golpe en sus cuatro patas y se ocultó entre la maleza. Dudé por un momento, segura de que regresaría a atacarme. Pero al escucharla buscar su camino por entre la espesa maleza haciendo ruido, me di cuenta de que en verdad se había ido.

Finalmente miré hacia abajo a Deane. Yacía de espaldas con el rostro en dirección opuesta a mí y el brazo derecho todavía extendido por arriba de su cabeza. Su quejido era leve, su respiración se escuchaba como jadeos irregulares. Cuando vi por primera vez la magnitud de sus heridas, se me congeló el corazón de miedo.

Su ropa estaba desgarrada, su pecho abierto, la profunda herida mostraba las nervaduras de los músculos y el tejido graso. Su hombro derecho, arrancado casi por completo, sangraba profusamente, y de su muñeca derecha colgaban venas y nervios. Su pierna derecha, espalda y estómago estaban también severamente desgarrados. Me incliné sobre él y traté de atraer su atención.

—¡Deane! —lo llamé—. ¡Deane, soy yo!

No respondió sino hasta mi tercer llamado, entonces giró la cabeza hacia mí. Sus ojos estaban como vidriosos de dolor, apenas parecía saber quién era yo.

—Ya pasó todo. La osa se fue —exclamé.

Lentamente se fijó en mi rostro y murmuró:

—No, no es verdad —con lágrimas en mi rostro, le aseguré que era cierto.

—Tengo que detener tu hemorragia —le indiqué—. Sólo quédate quieto. Estarás bien.

Por fortuna yo estaba familiarizada con las técnicas básicas de primeros auxilios, ya que Deane había sido bombero voluntario de medio tiempo por más de veintiocho años, y con regularidad estudiábamos juntos los manuales de rescate. Entonces traté de vencer el pánico para pensar con claridad. Su hombro derecho y muñeca sangraban a chorros, lo que podía significar que tenía una arteria cortada y necesitaría algún tipo de torniquete.

¡Mi bra!, pensé. Sin dudarlo, me desnudé la parte superior del cuerpo y me desabroché el brasier, entonces enrollé el elástico alrededor de su brazo, asegurándome de que estuviera cómodo. Si la sangre no empezaba a coagular en unos minutos, usaría una vara para apretarlo todavía más. *Será mejor para él perder un brazo que desangrarse hasta morir,* pensé entre mi desesperación.

Después centré mi atención en su pecho. En mi bolsa

del cinturón tenía algunos pañuelos desechables y con rapidez los introduje en la profunda herida. Pero eso no era suficiente para detener el sangrado, necesitaba más vendas. Iba a alcanzar mi blusa cuando Deane me indicó con voz débil:

—Usa mi camisa, sólo ayúdame a quitármela.

Lo levanté un poco, le saqué la camisa por sobre la cabeza, desgarré la pieza en tiras de diez centímetros, y después de vendar su pecho y pierna, observé de nuevo el brazo derecho. La sangre empezaba a coagular.

Gracias a Dios, pensé, aflojando un poco el torniquete. Finalmente me di tiempo para ponerme la blusa de nuevo.

Ahora que había pasado el peligro inmediato, sentí que mi calma comenzaba a resquebrajarse. ¿Qué pasaría si después de todo la osa decidiera regresar? Deane no podía caminar y estábamos a más de seis kilómetros de nuestro campamento. Decidí que mi mejor opción sería empezar a gritar; con el tiempo, de seguro otros caminantes me oirían.

—¡Auxilio! —grité varias veces—. ¡Alguien que nos ayude!

Pareció transcurrir una eternidad hasta que finalmente dos jóvenes aparecieron del otro lado de la curva y de inmediato corrieron.

—A mi esposo lo atacó una osa —exclamé—. ¿Pueden correr por ayuda?

—Yo iré —respondió uno de los hombres.

Dean pidió:

—Diga a los guardabosques que envíen un helicóptero.

El joven asintió y bajó por la vereda a paso veloz.

Fue sólo hasta que se hubo ido que recordé otro consejo del guardabosques sobre viajar en tierra de osos: "Jamás corran. Es una franca invitación al ataque". Preocupada, me mordí el labio. *Oh, Señor*, supliqué, *por favor, protégelo*.

Durante la siguiente hora, once personas más bajaron por el camino, entre ellas tres enfermeras, un médico y un paramédico de la patrulla de esquiadores. Una enfermera dio a Deane unas tabletas para el dolor mientras que las otras cubrieron sus heridas con vendas limpias. Parecía una extraña coincidencia que tantos profesionales de la medicina aparecieran por este recóndito lado de la montaña.

Una ambulancia aérea llevó a Deane al hospital, y como no había suficiente espacio para mí y los médicos, yo lo seguí en un helicóptero más pequeño.

Para cuando llegué al hospital, Deane ya estaba en la sala de operaciones. Eran casi las 3:00 a.m. cuando su cirujano, fatigado, salió de la sala de operaciones y me llamó aparte.

—Su esposo corrió con suerte —afirmó, moviendo la cabeza—. Esa osa le dañó algunas arterias y nervios vitales. La vio muy cerca.

Asimismo, me explicó que las profundas heridas de Deane habían requerido más de doscientos puntos de sutura.

Nueve días después, Deane fue dado de alta del hospital y volvimos a casa.

Ahora, de regreso en Michigan, a veces todavía me sorprende lo que nos sucedió. Cuando pienso en lo cerca que estuve de perder a Deane, brotan lágrimas de mis ojos. Pero gracias a la misericordia de Dios y a un fuerte par de binoculares, mi esposo sigue hasta hoy con vida.

Lorraine Lengkeek,
como se lo narró a Deborah Morris

Sólo marca el 911

Marie y Michael llevaban ya algún tiempo saliendo juntos y se consideraban afortunados de que, aunque sus ocupaciones eran diferentes, por medio de su trabajo se podían comunicar casi a diario. Michael es oficial de la policía y Marie es telefonista del "911", y ambos trabajan en el mismo departamento de policía.

Un día Marie recibió una llamada de Michael en la que le comunicaba que estaba en su patrulla en la carretera.

—Marie, ¿me harías un favor?

—Seguro —contestó Marie, feliz de tener una excusa para platicar con él.

—¿Me podrías verificar un número de placa? Necesito saber si este individuo tiene alguna garantía extraordinaria —explicó Michael.

—Está bien, deletréamelo.

Michael deletreó el número de la placa fonéticamente utilizando los nombres del código, como lo hacen todos los oficiales de la policía, para que así Marie estuviera segura de recibir las letras correctas:

Tomás
Emilio

Carlos
Antonio
Sergio
Antonio
Ricardo
Inés
Antonio
Sergio

Carlos
Olga
Nicolás
María
Inés
Gabriel
Olga

Como lo hacía cientos de veces al día, Marie escribió las letras en una hoja de papel, las transcribió en su computador y empezó a verificar la lista de placas. Al principio se desconcertó, este número de placa era demasiado largo, incluso para una placa personalizada. Sus compañeros de trabajo, que conocían el "plan" de Michael, tuvieron que intervenir finalmente: "Marie, ¿qué dicen esas letras?".

Esta vez, Marie sólo leyó las primeras letras de cada palabra en voz alta: ¿T-E C-A-S-A-R-Í-A-S C-O-N-M-I-G-O?

Con un grito de alegría Marie se volvió toda sonrisas al retornar al teléfono con Michael, quien obviamente no estaba siguiendo a ningún "conductor" con estas placas ficticias, sino que esperaba ansioso una respuesta en su patrulla.

—Michael, ¿estás ahí? —comenzó Marie.

—Sí, ¿Marie? —respondió él con la voz entrecortada por los nervios.

—Mi respuesta es: ¡Afirmativo!

¡No había forma de rechazar esta propuesta!

Cynthia C. Muchnick
101 Formas de hacer la pregunta

¿Que cómo te amo?

Quienquiera que ama, cree en lo imposible.

Elizabeth Barrett Browning

Elizabeth Barrett y Robert Browning fueron dos talentosos poetas destinados a producir una de las correspondencias más fascinantes de la literatura inglesa. Robert Browning nunca había visto a Elizabeth Barrett y no conocían nada el uno del otro más allá de sus obras publicadas. Ambos eran conocidos por mérito propio y cada uno admiraba y respetaba las obras del otro. Esta admiración sirvió de catalizador cuando Robert le escribió a Elizabeth una carta como su admirador el 10 de enero de 1845:

> *Amo sus versos con todo el corazón, mi estimada señorita Barrett, esta no es una carta improvisada de elogios que me viera yo forzado a escribir, de ningún modo, como tampoco se trata de un rápido y rutinario reconocimiento a su genio, sino de una distinguida y natural conclusión. Desde aquel día de la semana pasada cuando leí por primera vez sus poemas, casi me río al recordar cómo estuve dándole vueltas y vueltas en la mente a lo que podría decirle sobre el efecto que causaron en mí, porque en el primer impacto de deleite pensé que por esta vez debería desistir de mi habitual disfrute exclu-*

sivamente pasivo, cuando en verdad disfruto, y justifico profundamente mi admiración; tal vez incluso, como cualquier leal compañero artífice debería tratar de encontrar errores y hacerle un poco de bien del cual estar orgulloso de aquí en adelante, pero fue inútil, así que me ha penetrado, y parte de mí lo ha recibido... en este dirigirme a usted, su propio yo, por primera vez mi sentimiento se eleva de un solo golpe. Amo, como le digo, estos libros con todo mi corazón, y también la amo a usted.

Elizabeth tenía entonces treinta y nueve años, su salud era precaria y pocas veces salía de casa. Estaba dominada por su padre, quien le había prohibido a sus hijos casarse.

Debido a las objeciones del padre, se escribían en secreto. Su correspondencia fue tan fecunda que llena dos gruesos volúmenes. Elizabeth registró su cortejo, empezando por su contacto inicial, en su famoso *Sonnets from the Portuguese* (Sonetos de los portugueses). Estos sonetos abarcan todas las emociones humanas, incluyendo la felicidad, el arrepentimiento, la confianza y, siempre, el amor.

En mayo de 1845, Elizabeth permitió finalmente que Robert la visitara. Luego se vieron en secreto una vez por semana. En septiembre ella escribió: "Tú me conmoviste más profundamente de lo que pensé... De aquí en adelante soy tuya para todo menos para hacerte daño".

Continuaron viéndose durante un año más y se escribieron casi a diario, en ocasiones hasta dos veces al día. Después de que ella rechazara sus proposiciones, finalmente la conquistó con sus cartas y visitas, y se hicieron amantes.

Robert insistía en que se casaran y se mudaran a Italia. Elizabeth se resistía, aunque después de mucho pensarlo, aceptó. Sabiendo que su padre no le permitiría casarse, Robert y Elizabeth se casaron en secreto el 12 de septiembre de 1846, y una semana después abandonaron Inglaterra para ir a Italia, primero a Pisa, después a Florencia, y por último a su casa definitiva, Casa Guidi.

Ella jamás volvió a ver a su padre, y él nunca la perdonó. Todas las cartas que ella le escribió le fueron devueltas sin abrir.

Si no hubiera sido por esta relación, el mundo tal vez jamás habría podido disfrutar palabras como las siguientes:

> *¿Que cómo te amo? Déjame contar las muchas*
> *formas.*
> *Te amo hasta lo más profundo y ancho y alto que*
> *mi alma puede alcanzar, cuando siente sin ver,*
> *los extremos del ser y la gracia ideal.*
> *Te amo hasta el grado de la más tranquila necesidad*
> *de cada día, a la luz del sol y la candela.*
> *Te amo libremente, como los hombres luchan por*
> *la justicia;*
> *Te amo puramente, como ellos se apartan de la*
> *alabanza.*
> *Te amo con la pasión que pongo en uso*
> *en mis viejas aflicciones, y con la fe de mi infancia.*
> *Te amo con un amor que parecí perder*
> *con mis santos perdidos, te amo con el aliento,*
> *las sonrisas y las lágrimas ¡de toda mi vida! y si*
> *Dios así lo quiere,*
> *te amaré todavía más después de muerto.*

> *Lilian Kew*

Hasta que la muerte nos separe

Muchos amantes se prometen estar juntos por siempre, en la vida y en la muerte, pero creo que yo no he sabido de nadie cuya lealtad y devoción se equiparen a las de la señora Isidor Straus.

Fue en el año de 1912. La señora Straus y su esposo eran pasajeros del *Titanic* en el fatídico viaje. No muchas mujeres se hundieron con el barco, pero la señora Straus fue una de las pocas que no sobrevivieron por una sencilla razón: no podía soportar separarse de su marido.

Así es como Mabel Bird, la sirvienta de la señora Straus, quien sobrevivió al desastre, narró la historia después de su rescate:

"Cuando el *Titanic* comenzó a hundirse, los primeros en pasar a los botes salvavidas fueron las mujeres y los niños dominados por el pánico. El señor y la señora Straus estaban tranquilos, consolaban a los pasajeros y ayudaron a muchos a entrar en los botes.

"Si no hubiera sido por ellos", declaró Mabel, "me hubiera ahogado. Yo estaba en el cuarto o quinto bote salvavidas. La señora Straus me obligó a entrar en el bote y me cubrió con algunas frazadas gruesas".

El señor Straus suplicó a su esposa que subiera al bote salvavidas con su sirvienta y las demás. La señora Straus empezó a hacerlo, y con un pie ya en la borda, de pronto cambió de parecer, se dio la media vuelta y regresó al buque que se hundía.

"¡Por favor, querida, sube al bote!", suplicó su esposo.

La señora Straus miró profundamente a los ojos del

hombre con quien había pasado la mayor parte de su vida, el hombre que había sido su mejor amigo, el verdadero compañero de su corazón y siempre un consuelo para su alma. Se aferró a su brazo y acercó el cuerpo tembloroso de su esposo al suyo.

"No", se dice que la señora Straus respondió desafiante. "No me subiré al bote. Hemos estado juntos durante demasiados años. Ahora somos viejos y no te dejaré. A donde tú vayas, yo iré".

Y ahí es donde se les vio por última vez, parados, brazo con brazo, sobre la cubierta, a esta devota esposa abrazada valerosamente de su esposo, a este amoroso esposo estrechando protectoramente a su esposa, al hundirse el barco. Juntos por siempre...

Barbara De Angelis, doctora en filosofía

La buenaventura

Ahora sola la mayor parte del tiempo, y agradecida de que por lo menos uno de sus ojos todavía le es útil, la esposa lee mucho, en su mayoría libros de otras mujeres que narran historias con las que se identifica. Con pluma en mano, da vuelta a las páginas y subraya las partes que le parecen buenas. Antes solía guardar esos fragmentos para comentarlos con su esposo.

Continúa haciéndolo por hábito, un hábito adquirido desde tiempo atrás. Un hijo o hija que la visite puede esperar verse confrontado con algún artículo extraído de las páginas editoriales o con un insistente "escucha esto..." al hacer su madre referencia a su último libro o revista.

Algunas referencias, sin embargo, son demasiado íntimas y no son para compartir, por eso las guarda en un cuaderno. ¿Un ejemplo? Estas líneas del *Cabin Fever* de Elizabeth Jolley, en las que una mujer hace la observación: "Experimento de nuevo el profundo deseo de ser una vez más parte de un matrimonio, de sentarme en invierno cerca de un fuego con el hombre que es mi esposo. Es tan intenso este deseo, que si escribo la palabra *esposo* en una hoja de papel, mis ojos se llenan de lágrimas, pero la palabra *esposa*, es todavía peor". Esta cita no es algo que leería a alguno de sus hijos. ¿Por qué le son tan dolorosas estas líneas?

Podemos comenzar con la primera fotografía de un deteriorado álbum de bodas. Allí están ellos, retirándose del altar, enfrentándose con sonrisas inciertas a una iglesia llena de parientes y amigos. La novia no llevaba ese día anteojos, por lo tanto, para ella todo era una mancha de luz de velas, hileras de nochebuenas y caras supuestamente amistosas.

Caminaron hacia la parte posterior de la iglesia y se pararon en la puerta para que todos los allí reunidos desfilaran frente a ellos. De los colegas y viejos camaradas de la escuela recibieron expresiones de buenos deseos ocultas en bromas torpes. Sin embargo, algunos de sus parientes no estaban satisfechos por este acontecimiento. Una de las madres ya se había retirado de la escena y sollozaba en el auto. La otra estaba ahí rodeada de simpatizantes que le presentaban sus condolencias. Estas dos buenas mujeres le habrían asegurado que sólo querían lo mejor para sus hijos, que habían trabajado y se habían esclavizado para asegurarse de eso, pero ellas definían lo "mejor" a su modo en aquellos duros tiempos del pasado, y eso significaba quedarse en casa para ayudar a mantener a la familia, no irse y casarse.

La última persona que se acercó a la pareja fue una mujer robusta de estatura corta, que les sonrió al tomarles las manos entre las suyas y felicitarlos, no por su nombre, sino como "marido" y "mujer".

"Soy la tía Esther Gubbins", explicó, "estoy aquí para decirles que van a vivir una buena vida y serán felices. Trabajarán duro y se amarán el uno al otro". Al decir estas palabras, lo hizo sin prisa, con cuidado, mirando a uno y a otro. Luego, con rapidez para ser una persona mayor y corpulenta, se retiró. Después ellos se fueron en un Buick 1938 prestado, y con dinero que el hermano del novio les prestó, pudieron disfrutar unos días en la posada de un parque estatal. La noche siguiente, sentados frente a un buen fuego de madera de roble, recordaron los sucesos del día de su boda, empezando por el hecho de que a él le tuvieron que achicar la camisa rentada que era demasiado grande y agrandar una levita demasiado estrecha que le apretaba. Recordaron los buenos deseos de sus amigos, la manifiesta angustia de sus madres y, por último, el extraño mensaje transmitido por la mujer que se identificó como la "tía Esther Gubbins". "¿Quién es la tía Esther Gubbins?", quiso saber la esposa. "¿Es hermana de tu mamá o de tu papá?" "¿No es tu tía?", interrogó el esposo. "Yo nunca antes la había visto". Se preguntaron quién sería. ¿Alguien que asistió a la iglesia equivocada, o a la hora equivocada, confundiéndolos con otras dos personas? ¿O era una an-ciana a quien sólo le gustaba llorar en las bodas y buscaba los avisos en los boletines de las iglesias?

Con el paso del tiempo y la acumulación de nietos en un número que en la actualidad se consideraría excesivo, sus madres se reconciliaron y se mostraron amor. Una hacía pilas de ropa resistente para que los niños jugaran, utilizando remanentes de tela rayada de algodón de sus propios vestidos de casa. La otra tejía a gancho y con agujas gorras, guantes, suéteres y bufandas. Los padres siempre se simpatizaron. Ellos hablaban de política y narraban historias de su propio crecimiento como inmigrantes en esta hostil ciudad. La vida de esta pareja no tenía nada de extraordinario. Al marido se le podía describir como taciturno, inexpresivo. La esposa parecía más efusiva y sociable, diría cualquiera. Por extraño que parezca, ninguno parecía preguntar en esos tiempos de grandes carreras especializadas, "¿a quién le corresponde este trabajo?" o afirmar "¡esto no me corresponde!". Los dos trabajaban para cubrir sus necesidades conforme el tiempo y la oportunidad se los permitía: cualquiera hacía la investigación para el curso que uno de ellos estaba tomando o para la conferencia que él tenía que presentar, cualquiera buscaba a medianoche en el botiquín de medicinas las gotas de los oídos para calmar al niño que lloraba, o cualquiera llevaba una carga más de ropa blanca a la perpetua pila que se acumulaba.

Al regresar de un arduo día de trabajo, él solía pararse en la puerta y anunciar: "¡Mujer, ya estoy en casa!". Y ella, conteniendo el impulso de soltar una cadena de quejas bien fundadas, contestaba desde algún rincón de la casa: "¡Marido, me da gusto!".

Sus hijos eran una fuente de gran alegría para ellos. ¿Del promedio? No para sus padres, que los amaban. ¿Extravagantes? Sólo si se piensa que el amor se debe proporcionar con cautela y que los niños se echan a perder si reciben demasiado.

De cuando en cuando, por lo general cerca de la fecha de su aniversario, sacaban a colación su vieja discusión sobre la tía Esther Gubbins, un debate que reflejaba la distancia entre lo práctico y lo imaginativo, el pragmatismo y lo romántico. Él insistía en que la señora Gubbins había estado presente en su boda sólo por accidente. Pero ella sabía que la tía Esther, en vista de que nunca la identificó ninguna de las personas a las que se les preguntó por ella, y era desconocida en esta cerrada comunidad eclesiástica, no estaba ahí sólo para protegerse del frío y llorar en una boda. Ella estaba ahí con un propósito. Los hijos tomaban partido con entusiasmo: los terrenales contra los fantasiosos.

Ahora él se había ido y ella estaba sola. Pensando en su vida, la esposa se pregunta: si una de esas teteras o cacerolas que se sabe deja en la estufa hasta que se queman cuando está preocupada hicieran que la casa se incendiara, ¿qué correría a buscar para salvar? ¿El camafeo de su madre, los retratos de su esposo rodeado de sus nietos, la llave de la bodega, o cuarenta y siete dólares escondidos en un viejo tazón de azúcar?

No, sería el reverso amarillento y raído de un sobre que ha conservado por mucho tiempo. Una mujer que con frecuencia no sabe dónde están las cosas y pasa mucho tiempo buscándolas, sabe exactamente en dónde puede encontrar este objeto: debajo de una pila de servilletas de la isla de Madera que se utilizan en celebraciones especiales. Una noche, cuando el esposo había caído dormido en su silla, cabeceando con una gruesa novela de espionaje que estaba leyendo, ella le escribió una nota en el reverso del sobre y se la dejó en su libro. "Marido, fui a casa de la vecina para ayudar a la señora Norton a deducir el reembolso de su seguro médico".

A la mañana siguiente advirtió que él había escrito debajo de su mensaje: "Esposa, te extrañé. Pensaste que estaba dormido, pero sólo estaba descansando los ojos y pensando en aquella mujer que nos habló en la iglesia hace mucho tiempo. Siempre me ha parecido que ella no tenía la apariencia de un mensajero celestial, pero de cualquier modo, es tiempo de dejar de preguntarnos si vino del cielo o de la parroquia vecina. Lo que importa es esto: quienquiera que haya sido, la tía Esther Gubbins tenía razón".

Katharine Byrne

Amor sin palabras

De regreso a casa de una estancia de cuatro días en el hospital, insisto en que lavar mi cabello es una necesidad inmediata. En realidad no lo es. Un cuarto de baño caliente y lleno de vapor parece ser el lugar perfecto para esconderme del miedo que envuelve a mi corazón.

Pospuse el inevitable momento durante todo el tiempo en que me desvestía, y también mientras me hundía en el agua jabonosa caliente. Pero ya no lo puedo aplazar más. Así que permito que mi vista se deslice lenta y cuidadosamente hacia abajo, hacia el espacio vacío donde solía encontrarse mi seno izquierdo.

Está magullado... verde y amarillo, lleno de puntadas negras cubiertas de sangre seca. Es tan indigno, tan brutalmente repugnante.

Rápidamente concibo exóticos planes mentales para evitar que mi esposo Jim me vuelva a ver alguna vez desnuda. La pasión mutua ha sido muy fuerte en nuestro matrimonio, pero ahora todo eso parece haber terminado. ¿Cómo lo podría seducir con una figura mutilada y asimétrica? Apenas tengo cuarenta y tres años, y me avergüenzo mucho de mi cuerpo por esta traición. Me recuesto en la tina, olas de tristeza me recorren.

La puerta del baño se abre y Jim camina derecho y atraviesa mi nube de autocompasión. Sin decir palabra, se inclina para colocar despacio sus labios sobre cada uno de mis párpados. Él sabe que para mí esta es una de nuestras tradiciones íntimas favoritas para decir "te amo". Todavía en silencio y sin vacilar se inclina más abajo. Me preparo para la repentina aversión que no le será fácil ocultar.

Jim mira sin disimulo mi herida y con cuidado besa las espinosas puntadas. Una vez, dos veces, tres veces. Se levanta y me sonríe amoroso, luego me sopla un beso especial por correo aéreo, mi segunda tradición favorita, y cierra suavemente la puerta a sus espaldas.

Mis cálidas y agradecidas lágrimas ruedan por mis mejillas y caen gota a gota en el agua. La herida en mi pecho sigue ahí, pero la del corazón, desapareció.

Margie Parker

Inseparable

*El amor confunde horas por meses y días por años;
y cada pequeña ausencia es una eternidad.*

John Dryden

Al final, cuando se verificaron las estadísticas de su relación amorosa, surgió este sorpresivo detalle: Paul y Linda McCartney pasaron casi todas sus noches juntos.

En treinta años sólo se separaron un día. Linda siempre viajó con los Beatles y los otros grupos de Paul. Él la acompañó en sus viajes para promover su trabajo de fotografía y sus libros de cocina.

En casa o de viaje, durmieron bajo el mismo techo, mezclando su aliento, sudor y recuerdos.

Noches antes me había enterado de que Linda McCartney había muerto, y ahora me encontraba sentada en una ciudad extraña, compartiendo la cena con dos docenas de otros periodistas.

La mayoría habíamos volado solos a la conferencia, dejando a la familia en casa.

En la cena se platicó poco, todo lo que uno puede platicar con un desconocido. Me sentía artificial, no como de costumbre, como actuando. Aunque el hombre a mi lado parecía real. Al platicar, miraba a menudo a su esposa, sentada en otra mesa y a corta distancia, entretenida en su propia conversación.

En su juventud, me platicó, había recorrido el mundo, ansioso de aventuras, reportando guerras y cataclismos. Dos matrimonios fracasaron. Se estableció y se casó de nuevo, luego pasó el último año en Sudáfrica.

Su esposa no podía estar con él, excepto en visitas cortas, ya que aquí ejercía una floreciente carrera.

Ahora, al borde de los sesenta, le gustaría regresar a Sudáfrica, pero una nueva sensación lo detiene.

Me comentó: "Quiero estar con ella, quiero estar con ella todas las noches".

Me atraganté y afirmé con la cabeza y aseveré: "La vida es corta".

Es curioso que cuando uno es joven, dice: "La vida es corta" para justificar sus excursiones geográficas y emocionales. Cuando uno es mayor, dice lo mismo para justificar quedarse en casa con quien ama.

Ese tipo de relación les parece asfixiante a algunas personas. Ellas desean su espacio, tienen miedo de sumergirse o perderse con una pareja rígida.

Eso sentía al principio de mi matrimonio. Nuestro trabajo nos separaba con regularidad. Él volaba. Yo volaba. Parecía vigorizante, y cuando no se sentía soledad, parecía saludable. Incluso salimos con una buena metáfora: viajábamos por la vida en diferentes botes que anclaban, cada vez que podían, en el mismo puerto.

Ahora no queremos más que amarrar nuestras pequeñas balsas en la misma boya, para mecernos juntos suavemente cada noche.

Nuestros amigos manifiestan el mismo cambio en su corazón.

¿Qué sucedió?

Por un lado, uno comprende que compartir los detalles del día por teléfono nunca es lo mismo que compartir el día. Lado a lado, la vida acontece para ambos simultáneamente. Ambos guardan los mismos recuerdos, cuyos detalles se mezclan cada vez que se vuelven a comentar.

Separados, se guardan recuerdos separados. No importa qué tan importantes sean, sólo son historias para el que no estuvo ahí.

Además, cuando uno mira hacia atrás, recuerda demasiadas semanas y meses malgastados en lugares ridículos por razones insignificantes. Y cuando uno mira hacia adelante, ya no tiene que mirar de soslayo para ver que el final está cerca, cada vez más cerca.

En la madurez uno a veces siente que le quedan sólo algunos días por vivir.

Cuando era niña, mis amigos y yo nos entreteníamos con un juego en el que suponíamos que una bomba nuclear caería sobre nosotros. Teníamos sólo diez minutos de vida. ¿Qué haríamos? ¿A dónde iríamos? ¿La mano de quién querríamos apretar cuando llegara el fin?

Paul y Linda McCartney imaginaron esto desde el principio y se mantuvieron unidos treinta años. En la música, en las risas y los buenos momentos, sospecho que olvidaron que alguna vez tendrían que separarse.

Susan Ager

4

COMPRENSIÓN MUTUA

No hay nada que uno pueda hacer, lograr o comprar que reluzca más que la paz, alegría y felicidad de estar en comunión con la pareja que uno ama.

Drs. Evelyn y Paul Moschetta

El registro

*A*mar es basar nuestra felicidad en la felicidad
de otro.

Gottfried Wilhelm van Lubreitz

Al terminar la película el salón estalló en charlas. El delicioso fuego, el destello de las luces de Navidad y las risas de la familia produjeron una sonrisa de satisfacción en mi rostro. Al momento en que mamá preguntó: "¿Quién quiere...?", el salón se vació más rápido que las gradas en un juego de futbol que se ha perdido.

Mi novio Todd y yo fuimos los únicos en quedarnos. Con una mirada de asombro en su rostro, me preguntó qué sucedía. Contagiada por la risa en el rostro de mamá, le expliqué: "Vamos a salir a ponerle gasolina al auto de mamá".

Sin pensarlo respondió: "Allá afuera está helando, y son casi las 11:30 p.m.".

Sonriendo, contesté: "Entonces será mejor que te pongas tu abrigo y tus guantes".

Después de limpiar en un segundo el hielo del parabrisas, nos apretujamos en el auto. De camino a la gasolinera, Todd me pidió que le explicara por qué diablos íbamos tan noche a cargar gasolina para mi mamá. Con una risa ahogada, respondí: "Cuando mis hermanos y yo llegamos a casa en vacaciones, acompañamos a papá a ir por gasolina para mamá. Se ha transformado en un juego para todos, sabemos cuándo lo va a pedir mamá, y el último en salir del salón tiene que ir".

—¡Te estás burlando de mí! —respondió Todd.

—No hay forma de escapar —proferí.

Mientras llenábamos el tanque de gasolina, aplaudíamos y saltábamos para mantenernos calientes.

—Todavía no lo entiendo. ¿Por qué no llena tu mamá misma su tanque de gasolina? —preguntó Todd.

Con regocijo en los ojos, manifesté:

—Sé que suena extraño, pero déjame explicarte. Mi mamá no ha cargado gasolina en más de dos décadas. Mi papá siempre lo hace por ella —con una mirada confusa, Todd preguntó si mi papá alguna vez se había molestado por tener que cargar gasolina por su esposa. Negando con la cabeza, sencillamente contesté—: No, jamás se ha quejado.

—Es una locura —respondió Todd de inmediato.

—No, en realidad no —expliqué con calma—. Cuando vine a casa de vacaciones estando en primer año de universidad, pensaba que lo sabía todo. Me había unido a esta gran protesta por la independencia de la mujer. Una noche en que mamá y yo envolvíamos regalos, le aseguré que cuando me casara, mi esposo me ayudaría a limpiar, a lavar la ropa, a cocinar, a todo. Entonces le pregunté si alguna vez se había cansado de lavar ropa y trastes. Calmada me respondió que eso no le molestaba. Me fue difícil creerlo y comencé a echarle un sermón respecto a que estábamos en los 90 y sobre la igualdad de los sexos.

"Mamá escuchó paciente. Después, haciendo a un lado el listón, me miró directo a los ojos. 'Algún día, querida, lo comprenderás'.

"Esto sólo me irritó más. No comprendía nada. Así que le pedí una mayor explicación. Mamá sonrió, y empezó:

"'En un matrimonio hay cosas que te gusta hacer y otras que no. Así que juntos, cada uno selecciona qué cosas está dispuesto a hacer por el otro. Ambos compartimos las responsabilidades. A mí en realidad no me importa lavar la ropa.

Claro que requiere de tiempo y esfuerzo, pero es algo que hago por tu papá. Por otra parte, a mí no me gusta cargar gasolina, el olor de los gases me molesta y no me gusta salir a helarme, así que tu papá siempre le pone gasolina a mi auto. Tu papá compra los víveres y yo cocino. Tu papá poda el césped y yo limpio. Y así podría seguir más y más'.

"'Como ves', continuó mi mamá, 'en el matrimonio no hay un tablero de registro para anotar los tantos de uno y otro. Ambos hacen cosas por el otro para facilitarle la vida. Si consideras eso como ayudar a la persona que amas, entonces no te molesta lavar la ropa o cocinar, o cualquier otra tarea, porque lo estás haciendo por amor'.

"Con los años, a menudo he reflexionado en lo que mamá me dijo en aquella ocasión. Ella tiene una gran visión del matrimonio y me gusta como mis padres cuidan el uno del otro. ¿Y sabes qué? Un día, cuando me case, yo tampoco deseo tener un registro".

Todd permaneció inusitadamente callado el resto del camino de regreso a casa. Cuando apagó el motor, se volvió hacia mí, tomó mis manos entre las suyas con una cálida sonrisa y un destello en los ojos, y con voz suave me dijo:

—Cada vez que quieras, yo cargaré gasolina por ti.

Marguerite Murer

Él nos comunicó

Dios está en los detalles.

Ludwig Mies van der Rohe

Mi esposa Lisa y yo nos encontrábamos luchando por agrandar el pequeño periódico semanal que publicábamos en Guthrie, Oklahoma. Yo escribía y Lisa vendía anuncios. Muchas noches, después de la medianoche, mientras el resto del pueblo y nuestros hijos dormían, nosotros seguíamos trabajando.

Una de esas noches nos arrastramos a la cama sólo para salir de nuevo arrastrándonos unas cuantas horas después. Comí mi cereal, tomé un refresco grande, luego me dirigí hacia la ciudad de Oklahoma y a la imprenta. Lisa se encargó de que nuestros cinco hijos se vistieran y envió a los tres mayores a la escuela con sus bolsas de almuerzo en la mano. Yo estaba tan cansado que no podía conducir. Lisa estaba tan cansada que no podía hacer nada.

—Hay veintiún grados y el sol brilla. Otro bello día —comentó alegre el locutor por la radio del auto. Yo lo ignoré.

Lo que no pude ignorar fue la necesidad que me generó el enorme refresco que tomé. Comprendí que no lograría llegar a la ciudad, así que me dirigí al parador sobre la carretera interestatal, a sólo unos kilómetros de distancia de nuestra casa.

En su estado de agotamiento, mientras tanto, Lisa estaba

practicando una forma de arte demasiado familiar: llamar a las compañías de servicios, explicar por qué había retraso en el pago y suplicar un día más de agua caliente y aire acondicionado. Buscó el número y llamó a la compañía de electricidad.

Cuando bajé del auto en el parador, escuché que el teléfono público sonaba. Yo era la única persona ahí, pero de cualquier modo miré a mi alrededor.

—Que alguien conteste el teléfono —grité como en casa.

Tenía que ser el número equivocado más equivocado del mundo, pensé. Entonces me dije: "¿Por qué no?". Me dirigí al teléfono y levanté el auricular.

—¿Hola? —saludé.

Silencio. Seguido de un alarido.

—¡Thom! ¿Qué diablos haces en la compañía de electricidad?

—¿Lisa? ¿Qué diablos haces llamando al teléfono público de un parador?

Seguimos con "no lo puedo creer" hasta terminar con "esto es absolutamente fantasmal". Esperaba ver pasar a Rod Serling hacia el ensayo de *La dimensión desconocida*.

Nos quedamos en el teléfono y nuestras exclamaciones se transformaron en conversación. Una conversación real, sin prisa, sin interrupción, la primera de este tipo en mucho tiempo. Hasta hablamos del recibo de electricidad. Le dije que durmiera un poco, y ella me dijo que usara el cinturón de seguridad y ya no tomara refrescos.

Yo no quería colgar. Habíamos compartido una experiencia milagrosa. Aunque los números de la compañía de electricidad y del teléfono público diferían en sólo un dígito, el que yo estuviera ahí cuando Lisa llamó era tan improbable que lo único que pudimos suponer es que Dios sabía que ambos necesitábamos, más que nada esa mañana, la voz del otro. Él nos comunicó.

Esa llamada fue el principio de un sutil cambio en nuestra familia. Ambos nos sorprendimos de cómo habíamos llegado a ser tan devotos de nuestro trabajo que podíamos dejar que a nuestros hijos los llevara a la cama un extraño. ¿Cómo podía sentarme en la mesa del desayunador y nunca decir buenos días?

A los dos años de eso, ambos estábamos fuera del negocio que había dominado tanto nuestras vidas y yo tenía un nuevo trabajo en la compañía telefónica. Ahora díganme si Dios no tiene sentido del humor.

Thom Hunter

Papeles invertidos

Mary estaba casada con un macho. Ambos trabajaban tiempo completo, pero él jamás hacía nada en casa, y menos tareas domésticas. *Eso*, solía declarar, era trabajo de la mujer.

Pero una noche regresó Mary a casa del trabajo y se encontró a los hijos bañados, una carga de ropa en la lavadora y otra en la secadora, la cena en la estufa y una mesa muy bien puesta, adornada con flores.

Ella se asombró, y de inmediato quiso saber qué sucedía. Resulta que Charley, su esposo, había leído un artículo en una revista que sugería que las mujeres que trabajan serían más afectas al romance si no estuviesen tan cansadas de hacer todo el trabajo doméstico además de desempeñar un trabajo de tiempo completo.

Al otro día estaba ansiosa por narrar lo acontecido a sus amigas en la oficina.

—¿Cómo funcionó? —preguntaron.

—Bueno, fue una gran cena —comentó Mary—. Charley incluso limpió, ayudó a los niños con sus tareas, dobló la ropa lavada y guardó todo en su lugar.

—Pero después, ¿qué sucedió? —sus amigas quisieron saber.

—No funcionó —contestó Mary—. Charley estaba demasiado cansado.

The Best of Bits & Pieces

Una situación apretada

En ocasiones, los recuerdos divertidos son una manera muy especial de evocar a un cónyuge amado, pues ayudan a desvanecer un poco la sensación de pérdida. Antes de que falleciera, a mi esposo le encantaba narrar esta anécdota a nuestros amigos. Ahora yo sonrío al compartirla con ustedes.

En 1971, el hijo de nuestros vecinos se iba a casar en una iglesia católica fuera de la ciudad, y mi esposo y yo fuimos invitados. De inmediato nos dirigimos a la tienda departamental; yo me compré un hermoso vestido de lino rosa con chaqueta y muchos bonitos accesorios de los que tiñen para hacer juego. El vestido me quedó un poco apretado, pero tenía un mes antes del 30 de junio, la fecha de la boda, para bajar algunos kilos que tenía de más.

Llegó el 29 de junio y, claro, no había bajado ni un gramo; de hecho, había subido un kilo. Pero consideré que una buena faja curaría todo mal. Así que al salir de la ciudad nos detuvimos de nuevo en la tienda y corrí e indiqué a la dependienta que necesitaba una faja tipo pantaleta talla grande.

La dependienta encontró la caja con la faja descrita, talla 'G', y me preguntó si me la quería probar.

—Oh, no, siendo grande me ajustará perfecto. No necesito probármela.

La mañana siguiente fue una de esas de más de treinta grados, así que esperé para vestirme hasta unos cuarenta y cinco minutos antes de partir. Abrí la caja de la faja para encontrar una faja nueva, con adornos en satén, de 49.95

dólares, talla chica. Como era demasiado tarde para buscar otra, y el vestido no me quedaría bien sin faja, se suscitó en el cuarto de hotel una lucha a muerte entre la faja y yo. ¿Ha tratado alguna vez de introducir diez kilos de papas en un saco para cinco? Al final mi esposo, muerto de risa, tomó cada uno de los extremos de la faja y a sacudidas y tirones me hizo entrar en ella. Una vez acomodada dentro de la faja, me adorné con todos los accesorios color de rosa, los que ya no quedaban muy bien con mi rostro color púrpura, pero estaba lista para salir.

Durante todo el camino a la iglesia mi esposo no dejaba de preguntarme:

—¿Estás bien? Te ves chistosa —y luego se reía. Los hombres sencillamente no aprecian por las que una mujer tiene que pasar para verse bien.

Cuando nos sentamos en la banca de la iglesia me preguntó si aguantaría. Ahora se empezaba a preocupar porque yo comenzaba a respirar chistoso. Le aseguré que estaría bien. Como pertenecemos a la Iglesia Bautista del Sur, en la que las ceremonias nupciales duran treinta minutos o menos, supuse que esta no duraría más.

Sentadas en nuestra misma banca estaban dos pequeñas ancianas que cortésmente se presentaron con nosotros. Luego, una de ellas manifestó:

—¿No es encantador que se vaya a oficiar una ceremonia solemne?

—Oh, sí, encantador —respondí y me giré hacia mi esposo—. ¿Qué es una ceremonia solemne?

Él se encogió de hombros, y yo por desgracia me enteré de que este culto en particular iba a durar una hora, veintidós minutos y ocho y medio segundos; el pastor bendijo todo excepto mi faja.

Por allá, en el ala izquierda de la iglesia, la madre de la novia lloraba, y de nuestro lado, lloraba yo. Una de las pequeñas ancianas sacudió a la otra con el codo y profirió:

—Mira qué conmovida está.

Tenían razón, jamás había estado tan afectada en mi vida. Tenía hinchados los tobillos, las rodillas azules y los muslos habían dejado de sentir. Mi esposo me abanicaba con mis accesorios color de rosa, me hacía preguntas y trataba de consolarme.

Tan pronto el sacerdote los declaró marido y mujer, y el cortejo nupcial se abrió camino de regreso por el pasillo para salir de la iglesia, partí como flecha y me coloqué como la quinta "dama de honor" con mi esposo atrás de mí, todavía haciéndome preguntas:

—¿Estás bien? ¿Te puedo ayudar? ¿Puedes respirar?

—Por favor, sólo sácame de aquí —resollé.

Salimos brincando y retorciéndome hasta nuestro auto al otro extremo del estacionamiento, una vez ahí, él abrió las puertas delantera y trasera del lado del acompañante contra el auto contiguo. Justo ahí, ante Dios, la humanidad y los invitados a la boda, saqué a tirones mi magullado y maltratado cuerpo de esa faja. Luego, para mi horror, justo cuando levanté el pie para retirar la cámara de tortura elástica de mi cuerpo de una vez por todas y para siempre, la estúpida faja salió volando de mi mano y aterrizó debajo del auto junto al nuestro. Mi esposo se reía tanto, que ni siquiera podía inclinarse para tratar de recogerla, y ni siquiera le importaba. Así que sencillamente nos retiramos.

A lo largo de los años, él y yo con frecuencia nos preguntamos lo que habrían pensado los parroquianos de esa ornamentada iglesia del norte de la ciudad a la mañana siguiente cuando encontraron en su estacionamiento una faja talla chica con adornos en satén de 49.95 dólares excesivamente estirada.

Barbara D. Starkey

La mujer más rica del mundo

Acabo de pasar cuatro días con una amiga que está casada con un hombre muy adinerado. Le dio un anillo de rubí de 35 000 dólares como regalo de compromiso. Le dio un collar de esmeraldas de 25 000 dólares el día de las madres. Le dio 250 000 dólares para redecorar su enorme mansión de dos hectáreas de extensión. La construcción de su cuarto de baño costó 120 000 dólares. Hasta su perro come en un tazón plateado con su nombre grabado.

Su esposo la ha llevado por todo el mundo: a Tahití a tomar el sol, a París por ropa, a Londres al teatro, a Australia en busca de aventuras. No hay sitio donde no pueda ir, nada que no pueda comprar, nada que no pueda tener, excepto una cosa: él no la ama de la manera que a ella le gustaría ser amada.

La última noche de mi estancia, mi amiga y yo nos quedamos en su estudio hasta entrada la noche, platicando como sólo dos mujeres que se han conocido desde niñas pueden hacerlo. Hablamos de nuestros cuerpos, de los cambios que sufren cada año que pasa, del suyo ahora redondeado por la nueva vida que lleva dentro. Platicamos de lo que solíamos creer y de nuestra búsqueda por nuevos significados, y hablamos de nuestros maridos, el suyo, un exitoso financiero adinerado, el mío, un artista que lucha y trabaja.

"¿Eres feliz?", le pregunté. No respondió por un momento, jugando con el anillo de bodas con un diamante de tres kilates que llevaba en el dedo. Luego, despacio, casi en susurro, comenzó a hablar. Apreciaba toda su riqueza, pero la cambiaría en un instante por cierta calidad de amor que no había entre ella y su esposo. Ella lo amaba intelectualmente más de lo que *sentía* que lo amaba. No respetaba muchos de los valores que eran importantes para él en la vida, y esto apagaba su deseo sexual hacia él. Aunque él estaba totalmente comprometido con ella y la cuidaba, no se sentía amada totalmente, no había el cariño, la ternura, las palabras que los amantes usan, la sensibilidad, la atención, el respeto, la voluntad de participar con ella en crear la relación día con día.

Mientras escuchaba a mi amiga, me quedaba más claro que nunca que el amor verdadero de mi compañero me hacía más rica que cualquier cosa material que un hombre pueda dar. Esta no era la primera vez que sentía esto en lo más profundo de mi ser, pero una vez más, era un recordatorio de mi enorme buena fortuna.

Y pensé en mi gaveta llena de tarjetas y notas de amor escritas por él, y en las tres últimas adorables notas en mi bolso. Pensé en él cuando me toca, cuando aprieta mi mano para protegerme al cruzar la calle, cuando acaricia mi cabello recostada en su regazo, apretándome y devorando mi cuello, besándome por toda la cara cuando adivino correctamente sus acertijos. Pensé en las aventuras que viven juntas nuestras mentes, explorando ideas y conceptos, comprendiendo nuestro pasado, vislumbrando nuestro futuro. Pensé en nuestra confianza, nuestro respeto y en nuestro anhelo por vivir y aprender.

En ese momento vi que mi amiga me envidiaba a mí y a mi relación. Ella, sentada en su lujoso hogar, cubierta de joyas y esplendor, envidiaba nuestra vitalidad, nuestra naturaleza juguetona, nuestra pasión, nuestro compromiso, sí, nuestro compromiso.

Porque en ese momento comprendí que lo que tenemos, que es mucho más grande que cualquier otra cosa entre nosotros, es un compromiso, el de amarnos el uno al otro total y completamente, tan profundo como sepamos, durante el tiempo que podamos.

No se trata de un compromiso que se haya expresado ante otros o entre nosotros en voz alta. No está simbolizado por un diamante, ni siquiera por un sencillo anillo de oro. No está definido por el tiempo, ni siquiera por el espacio en el que vivimos juntos o separados.

Es más bien un compromiso que vive y se reafirma cada vez que nos entregamos el uno al otro por puro regocijo, cada vez que decimos la verdad, cada vez que uno de los dos está ahí para apoyar o confortar al otro, cada vez que compartimos una emoción o visión recién descubierta.

Es un compromiso que se revela de continuo en cada nuevo nivel de confianza, en cada nuevo estrato de vulnerabilidad, en cada nueva profundidad de amor. Es un compromiso que redescubrimos una y otra vez del mismo modo que redescubrimos quiénes somos y cuánto amor son capaces de dar nuestros corazones.

Es un compromiso que demuestra un verdadero matrimonio espiritual, cuya ceremonia de unión se halla en todos y cada uno de los momentos en que nos amamos mutuamente, cuyo aniversario se celebra en cada uno de los mo- mentos en que el amor crece más.

Hoy, al retornar a casa, encontré un buen cheque esperándome, dinero con el que no contaba. Y reí ante los insignificantes números alineados en una hilera.

Porque anoche, después de platicar con mi amiga, descubrí la diferencia entre tener dinero y ser en verdad rico. Y descubrí que yo ya era la mujer más rica del mundo.

Barbara De Angelis, doctora en filosofía

La guerra de las mayonesas

Hace años, cuando me hice cristiano, solía presumir que el índice de divorcios entre cristianos activos era de sólo uno en mil matrimonios.

Es triste que ese argumento muriera hace mucho tiempo. De hecho, como vendedor y dictaminador de libros, cada vez veo que aparecen más títulos sobre problemas maritales entre los cristianos. Después de todo, el voto es "para bien o para mal", y como lo recuerdo por experiencia propia en mi matrimonio, sé que muchas trampas surgen por expectativas erróneas.

Mi esposa pensaba que se casaba con Ward Cleaver, y yo suponía que toda recién casada salía de un anuncio de la revista *Good Housekeeping* (La buena ama de casa), con una lata de limpiador para muebles en una mano, la otra ocupada preparando el *stroganoff*, y un sello de aprobación en la frente.

Pero ¡oh sorpresa!... ambos nos equivocamos. Yo lo descubrí la primera noche que abrí el refrigerador para prepararme un emparedado.

—¡Oye, amor!... ¿dónde está la mayonesa Best Foods?

Silencio, y luego:

—Querido... yo no uso Best Foods, yo uso Kraft Miracle Whip.

De nuevo silencio.

Con el paso de los días descubrimos que a ella le gustaba Crest, y yo me lavaba los dientes con la crema que estuviera en oferta. A mí me gustaban las aceitunas verdes, ella las odiaba y sólo comía las negras. Cuando yo, temblando, encendía el calefactor y el cobertor eléctrico, ella ya estaba atrás de mí apagándolos. Recordando su niñez, a ella le gustaba salir a pasear en auto los domingos por la tarde, a lo que yo respondía:

—Sí, pero eso era cuando la gasolina costaba veintinueve centavos el galón. Veamos mejor una película vieja.

El peor descubrimiento de todos fue que ella era una persona mañanera, que saltaba de la cama como pan del tostador, mientras que yo despertaba con el pijama clavado al colchón.

—Si Dios hubiese querido que el hombre viera la salida del sol —le explicaba—, lo hubiese programado mucho más tarde en el día.

La noche que supimos que a *ambos* nos gustaba el jabón Ivory, lo celebramos.

Creo que descubrimos que no hay desacuerdo tan pequeño que no pueda evolucionar en un problema mayor, y que dos monólogos no son lo mismo que un diálogo. Pero sobre todo, aprendimos que ya no pertenecíamos a los universos separados a los que pertenecimos de solteros. Nuestra tarea era ahora forjar un nuevo universo, uno en el que pudiéramos habitar juntos.

Después de todos estos años, yo sigo siendo una persona nocturna y mi esposa sigue siendo una gloria mañanera. En cuanto a Ward Cleaver, sencillamente ella lo tiene que aceptar, tal vez yo siempre sea más parecido a Beav. Y yo he llegado a comprender que es más probable que ella salga de las páginas del *National Enquirer* que de *Good Housekeeping.*

Pero nos amamos el uno al otro y, como resultado, ella ha llegado a apreciar la sémola para desayunar (o a cualquier hora), mientras que yo finalmente he comprendido que la basura no se saca sola.

Ahora tenemos controles separados para el cobertor eléctrico, y cuando tengo frío me pongo un suéter. Y en el refrigerador, lado a lado, como si fueran una pareja de enamorados satisfechos, están un tarro de mayonesa Best Foods y uno de Kraft Miracle Whip.

Nick Harrison

Detrás de todo gran hombre hay una gran mujer

Thomas Wheeler, director ejecutivo de la compañía de seguros Massachusetts Mutual Life, y su esposa, viajaban por una carretera interestatal cuando él se percató de que el auto tenía poca gasolina. Wheeler se salió de la carretera en la siguiente salida y al poco tiempo encontró una deteriorada estación de gasolina con sólo una bomba. Pidió al solitario dependiente que llenara el tanque y verificara el aceite, y luego fue a dar una pequeña caminata alrededor de la estación para estirar las piernas.

Al regresar al auto, advirtió que el dependiente y su esposa sostenían una animada conversación. La charla se suspendió cuando pagó, pero al subirse al auto vio que el dependiente se despedía agitando la mano y decía: "Fue grandioso platicar contigo".

Al alejarse de la estación, Wheeler preguntó a su esposa si conocía al hombre, cosa que de inmediato admitió. Habían asistido a la misma secundaria y habían sido novios casi un año.

—Mira que tuviste suerte de que llegara yo —presumió Wheeler—. Si te hubieras casado con él serías la esposa de un dependiente de una estación de gasolina en lugar de ser la esposa de un director ejecutivo.

—Querido —respondió la esposa—, si yo me hubiera casado con él, él sería el director ejecutivo y tú serías el dependiente de una estación de gasolina.

The Best of Bits & Pieces

5

CÓMO VENCER
LOS OBSTÁCULOS

*El corazón no vive sino hasta que ha
experimentado dolor. El dolor del amor
abre el corazón, aunque éste sea tan duro
como una roca.*

Hazrat Inayat Khan

Dónde aterriza el amor

Es sólo hasta que en verdad sabemos y comprende-
mos que nuestro tiempo en la tierra es limitado, y
que no tenemos forma de saber en qué momento termi-
nará, cuando empezamos a vivir cada día al máximo,
como si fuera el único que nos quedara.

Elisabeth Kübler-Ross

Nadie sabe dónde aterrizarán las alas del amor. En ocasiones aparece en los lugares más inusitados. No hubo
nada tan sorprendente como cuando descendió en un hospital de rehabilitación en los suburbios de Los Ángeles,
un hospital donde la mayoría de los pacientes ya no pueden
moverse por sí solos.

Cuando el personal escuchó la noticia, algunas de las enfermeras lloraron, y el administrador, Harry MacNarama,
se quedó impactado, aunque de ahí en adelante exaltaría
ese día como uno de los más grandiosos de toda su vida.

Ahora el problema era cómo confeccionar el vestido de
boda. Sabía que su personal encontraría el modo, y cuando
una de las enfermeras se ofreció como voluntaria, Harry
se sintió aliviado. Quería que este fuera el mejor día en la
vida de dos de sus pacientes, Juana y Michael.

Una mañana Michael apareció, sujeto con correas a su
silla de ruedas y respirando a través de un ventilador, en
la puerta de la oficina de Harry.

—Harry, quiero casarme —anunció Michael.

—¿Casarte? —Harry se quedó boquiabierto. ¿Qué tan serio podía ser esto?—. ¿Con quién? —preguntó.

—Con Juana —respondió Michael—. Estamos enamorados.

Amor. El amor había encontrado su camino por las puertas del hospital hasta dos cuerpos que se rehusaban a obedecer a sus dueños y penetró en sus corazones, a pesar de que ambos pacientes eran incapaces de alimentarse o vestirse por sí solos, que requerían ventiladores para respirar y jamás podrían volver a caminar. Michael padecía atrofia muscular espinal, Juana sufría de esclerosis múltiple.

A Harry le quedó bastante claro qué tan seria era esta idea de casarse, cuando Michael sacó el anillo de compromiso con una alegría que no había mostrado en años. De hecho, el personal jamás había visto a un Michael más dulce y amable, ya que había sido uno de los individuos más iracundos con los que habían tenido que tratar los asistentes de Harry.

Era comprensible la ira de Michael. Durante veinticinco años había vivido en un centro médico en el que su madre lo había internado a los nueve años de edad y donde lo visitaba varias veces por semana hasta que murió. Él siempre se mostraba irascible y maldecía a las enfermeras sin cesar, pero por lo menos sentía que tenía una familia en el hospital, y que los demás pacientes eran sus amigos.

También había establecido una buena amistad con Betty Vogle, una voluntaria de setenta años de edad que había labrado su camino hasta el corazón de Michael, una tarea nada fácil, haciéndose cargo de su ropa y apoyándolo siempre que podía.

Incluso había habido una chica que anduvo por ahí en una silla de ruedas que rechinaba, y que él estaba seguro le había "echado el ojo". Pero no se quedó mucho tiempo en el centro. Ahora Michael, después de haber pasado más de la mitad de su vida ahí, tampoco se quedaría.

El centro cerraría sus puertas, por lo que a Michael se le remitiría al hospital de rehabilitación, lejos de sus amigos y, lo que era peor, lejos de Betty.

Fue entonces cuando Michael se volvió un ermitaño. No salía de su habitación, la cual siempre mantenía a oscuras. Su enfermera, una pelirroja que rebosaba vida, se preocupaba cada vez más por él, al igual que Betty, quien tenía que conducir más de dos horas para visitarlo. Pero el ánimo de Michael decayó tanto, que nadie lograba encontrar la manera de rescatarlo.

Un día, mientras estaban acostado en la cama, escuchó un rechinido familiar que provenía del pasillo. El sonido era igual al de la silla de ruedas que usaba aquella chica Juana en el centro donde vivió.

El rechinido se detuvo en su puerta, Juana miró hacia dentro y le pidió que saliera. Se sintió intrigado, y desde el momento en que volvió a ver a Juana, fue como si le hubieran inyectado vida.

Volvió a mirar las nubes y el cielo azul. Comenzó a participar en los programas recreativos del hospital. Pasaba horas platicando con Juana. Su habitación era toda sol y luz. Y entonces fue cuando le preguntó a Juana, quien había vivido en una silla de ruedas desde los veinticuatro años, si se casaría con él.

La vida de Juana había sido dura. Antes de que terminara el tercer grado dejó de ir a la escuela porque se desmayaba y caía constantemente. Su madre, pensando que era perezosa, la abofeteaba todo el tiempo. Vivía aterrorizada de que su madre la dejara de querer, así que cuando se sentía bien, limpiaba la casa "como una sirvienta".

Antes de los veinticuatro años se le practicó como a Michael una traqueotomía para respirar, fue entonces cuando se le diagnosticó oficialmente esclerosis múltiple. Para cuando llegó a los treinta años, pasó a un hospital con atención las veinticuatro horas del día.

Así que cuando Michael le hizo la gran pregunta, pensó que no podría soportar el dolor si sólo se trataba de una broma.

—Cuando me dijo que me amaba me asusté mucho —comentó—. Pensé que quería jugar conmigo, pero me aseguró que era verdad, me dijo que me amaba.

El día de San Valentín, Juana usó un vestido de novia realizado en satén blanco, salpicado con perlas de imitación y lo bastante suelto como para cubrir la silla de ruedas y el ventilador. Juana pasó al frente de la habitación ayudada por Harry, quien con gran orgullo entregó a la novia, por cuyo rostro rodaban lágrimas.

Michael usó una camisa blanca deslumbrante, chaqueta negra y una corbata de moño que cubría a la perfección su traqueotomía. Rebosaba de placer.

Las enfermeras se apiñaron en las puertas, los pacientes llenaron la habitación, un sinnúmero de empleados del hospital inundaron los corredores. Por todos los rincones de la habitación se escuchaban sollozos. En la historia del hospital jamás había habido una boda entre dos personas que vivieran confinadas a sus sillas de ruedas.

Janet Yamaguchi, la encargada de actividades recreativas del hospital, planeó todo. Los empleados donaron dinero para comprar los globos rojos y blancos, flores adecuadas y un arco adornado con hojas. Janet consiguió que el jefe del hospital donara un pastel de bodas de tres capas con relleno de limón. Un asesor en mercadeo contrató a un fotógrafo.

Janet negoció con los miembros de su familia. Para ella, ver a la pareja unirse en matrimonio fue uno de los momentos más satisfactorios y difíciles de su vida. Pensó en todo.

El toque final, el beso, no se pudo completar. Janet usó una cuerda en satén blanco para atar las sillas de la pareja y simbolizar el momento más romántico.

Después de la ceremonia, la ministra se escabulló tratando de retener las lágrimas.

—He estado en miles de bodas, pero esta es la más hermosa que haya yo oficiado hasta ahora —manifestó la ministra—. Estas personas han sobrepasado las barreras y han mostrado un amor puro.

Esa noche, Michael y Juana entraron por primera vez juntos a su propia habitación. El personal del hospital les ofreció una cena de luna de miel y les obsequió dos copas de sidra espumosa para un brindis privado. Michael y Juana sabían que habían conmovido a mucha gente con su amor, y que ellos habían recibido la mejor dádiva que hay, la del amor, que nunca se sabe dónde va a aterrizar.

Diana Chapman

El regalo de amor de Derian

Ah, indudablemente nada muere, pero algo lleva luto.

Lord Byron

El informe sobre la salud de nuestro hijo Derian fue perfecto durante sus primeras veinticuatro horas de vida. Sin embargo, justo cuando íbamos a dejar el hospital, Derian se puso azul y requirió cirugía cardiaca de inmediato. Desde el instante en que nos explicaron lo serio del estado de Derian, nuestras vidas tomaron una dirección diferente. Cambiamos porque no había alternativa.

Sostuvimos a nuestro indefenso recién nacido en brazos mientras esperamos a que llegara el cirujano y le abriera el pecho. Nos sentíamos ahogados en un mar de confusión, terror, desesperación e ira. Nos tomamos de las manos cuando le dimos la última serie de besos, con los cuales le transmitimos la esperanza de volverlo a besar después de una exitosa cirugía. El equipo llegó y con cuidado se lo llevaron de nuestros brazos prometiendo cuidar de él. Nuestros corazones sufrieron al ver partir a Derian con gente extraña vestida con batas azules. Nos aferramos el uno al otro en un fuerte abrazo; las lágrimas rodaban de nuestros ojos.

En ese momento cambió nuestra relación. Nunca antes habíamos tenido la sensación de necesitarnos el uno al otro de verdad. Nadie más podía sentir lo que nosotros respecto a nuestro hijo. Nadie más enfrentaría la lucha igual que nosotros. Nadie más podía sentir el dolor y miedo que nosotros experimentábamos. Nos dispusimos a sacar adelante a este hijo; nos fundimos como los padres de Derian en una sola fuerza, en un sólido lazo. No obstante, fue extraño que a pesar de tener a la muerte tan cerca esperando a nuestro hijo, jamás nos hayamos dado el suficiente valor para rezarle juntos al mismo Dios y pedir por su vida.

Derian no se dio por vencido y sobrevivió a la cirugía. No obstante, días después sufrió un paro cardiaco. Luego, la noche antes de que fuera a salir del hospital, necesitó otra cirugía de corazón. Nuestros primeros treinta y seis días de paternidad los pasamos en el hospital.

La vida comenzó a correr como en una montaña rusa, acelerada, salvaje y con el paso del tiempo fuera de control. Tres meses después de que trajimos a Derian a casa, descubrí que estaba de nuevo embarazada. Muchas veces había escuchado decir que Dios nunca da más de lo que uno puede soportar, pero con esto, para mí ya era demasiado.

Me era imposible aceptar que Dios pensara que yo podía con otro bebé tan pronto. Poco tiempo antes de que fuera a dar a luz a nuestro segundo hijo, Derian requirió otra cirugía de corazón. Una vez más, salió de la cirugía y tuvo una exitosa recuperación.

Nuestro hijo Connor nació en septiembre. Yo había pedido un permiso para dejar la enseñanza con la idea de regresar para el segundo trimestre de ese año escolar. Un mes antes de regresar a la escuela, llevamos a Derian al cardiólogo para su revisión. Nos indicó que necesitaría otra intervención más al siguiente mes. Sus palabras nos afligieron porque se nos había dicho que no necesitaría más cirugías. Esta sería la cuarta operación en sus diecisiete meses de vida.

Esto nos tomó totalmente desprevenidos. Nuestros planes habían requerido una licencia de maternidad de tres meses, pero ahora necesitaría pedir otro mes más, y sin paga; ya no podía tomar más días. ¿Cómo íbamos a cubrir los gastos? ¿Cómo íbamos a cuidar de un recién nacido y de

Derian al mismo tiempo? ¿Cuántas cirugías podría soportar su pequeño corazón? Y siempre la pregunta implícita de si sería capaz de salir adelante. Nos sentíamos aterrados; nuestra realidad nos seguía impidiendo llevar una vida normal, nos estábamos hundiendo con tanta responsabilidad y desesperación.

Para entonces, la Navidad se acercaba. Tratamos de participar en las festividades, pero sabiendo que Derian sería intervenido en enero, la alegría de la Navidad se esfumó. Estos días siempre habían sido importantes para nosotros, por lo que Robb no podía dejar que pasara la Navidad sin hacer algo de lo que marca la tradición. Cuando recibió una invitación para ir a una fiesta navideña después del trabajo, aceptó la oportunidad de por lo menos volver a sentir una vez más la presencia de la "normalidad". Me dio gusto que fuera, quería que por lo menos un rato se liberara de preocupaciones.

Esa noche no me fue difícil llevar a Derian y a Connor a dormir, cuando me preparaba para acostarme, llegó Robb a casa. Se veía demasiado pálido, sus ojos mostraban asombro y temblaba. Casi temí escuchar lo que había sucedido.

En tono serio y profundo manifestó:

—Patsy, necesito platicar contigo. De camino a casa me sucedió algo muy extraño. Mientras conducía, platiqué con Dios.

Contuve la respiración, ya que Robb y yo nunca antes habíamos hablado de Dios. El ambiente entre nosotros se hizo plácido y reverente. Escuché atenta su relato.

—Patsy, le pedí a Dios que si necesitaba llevarse a alguno de nuestra familia, que fuera yo y no Derian —los ojos de mi esposo se enrojecieron y pude ver lágrimas correr por su rostro—. Luego sentí el profundo calor de una mano que se apoyó en mi hombro y escuché el murmullo suave y silencioso de un ángel que decía: "Derian va a estar bien, no te preocupes".

Me impactó la fuerza de lo que Robb me decía. Por un momento sólo lo miré, luego nos unimos en un abrazo que emanaba paz.

Este fue el momento más importante de nuestro matrimonio. Su disposición para compartir su encuentro espiritual conmigo fue la experiencia más íntima que jamás haya yo tenido. Me permitió entrar en su alma, y qué alma. La devoción de su amor por nuestro hijo me conmovió en lo más profundo de mi ser. Nunca lo volví a ver igual.

Nuestro hijo sobrevivió a esa cirugía. Durante el año que siguió a esta penosa experiencia, mi relación con Robb alcanzó un nuevo nivel de cercanía, una nueva profundidad de amor. Nuestra fe compartida generó no sólo una mayor intimidad emocional sino también una nueva intimidad espiritual. Nos fortaleció, unió y preparó. Creemos que el ángel de Robb nos llevó a un nivel más elevado en nuestro matrimonio porque demasiado pronto tendríamos que enfrentar una nueva realidad, la quinta intervención de Derian.

Esta vez nuestro bebé no resistió. Al poco tiempo de la cirugía, murió.

Por devastador que haya sido perder a este hijo, Robb y yo seguimos unidos en nuestra relación. Fue como si Derian nos hubiera dado el regalo de un amor mutuo más profundo. A pesar del dolor, juntos creemos en la oración, los milagros y en un Dios todopoderoso, pero sobre todo, en la guía divina que ahora recibimos de un angelito llamado Derian.

Patsy Keech

Grabado en su corazón

Fue justo antes de Navidad. Mi esposo Dan y un amigo suyo, Mike, habían ido a un cañón cerca de nuestra casa en el sur de California para ver si la vegetación, abrasada por incendios meses antes, crecía de nuevo. Dan y Mike eran miembros de la Sociedad de Plantas Nativas de California. Eran verdaderos "sabuesos de plantas", siempre explorando los cañones y colinas de las cercanías para ver qué tipo de plantas podían encontrar y fotografiar.

Ese día, después de que Mike se retiró, Dan decidió seguir explorando solo y subió hasta el cañón Laguna, una sección más alejada, que no solían explorar con regularidad. Se internó en el cañón algunas millas, tomó fotografías y, cuando emprendió la caminata de regreso a su camión, pisó un terreno anegado que cedió. Cayó unos diez metros por la escarpada pendiente, golpeando varios árboles antes de aterrizar en una saliente. De inmediato comprendió que algo estaba terriblemente mal con su pierna izquierda, ya que yacía cruzada sobre la derecha en un "ángulo imposible".

Aturdido por la caída, Dan necesitó tiempo para comprender que estaba demasiado lesionado como para caminar, entonces supo que estaba en serios problemas. La noche caería pronto y ni un alma sabía dónde estaba. Tenía que llegar a una vereda principal o moriría ahí antes de que alguien lo encontrara. Apuntaló la pierna fracturada contra la otra y, apoyando su peso sobre las manos, empezó a descender del cañón lentamente, arrastrándose.

Avanzando paulatina y dolorosamente, Dan se detenía con regularidad para descansar y gritar solicitando auxilio. La única respuesta que recibía era el espectral sonido de su propia voz que hacía eco en las paredes del cañón. Al ponerse el sol empezó a descender la temperatura. En las colinas enfría por la noche, Dan sabía que si se detenía demasiado podría perder el conocimiento. Cada vez le resultaba más penoso, pero después de cada pausa Dan volvía a forzarse a seguir arrastrando su adolorido cuerpo sobre sus inflamadas manos. Continuó esta horrenda jornada otras doce horas más.

Finalmente, su fuerza y determinación cedieron. Estaba completamente agotado y no se podía mover un centímetro más. Aunque parecía inútil, reunió una última ráfaga de fuerza y gritó pidiendo ayuda.

Se sorprendió cuando escuchó una voz que respondía a su llamado, una voz verdadera, no otro burlón y vacío eco. Era el hijastro de Dan, mi hijo Jeb. Él y yo habíamos salido con la policía y los paramédicos que buscaban a Dan.

Horas antes, al no regresar Dan a casa, me preocupé y llamé a Mike. Al principio Mike trató de encontrar a Dan por sí mismo, manejó de cañón en cañón buscando el camión de Dan, hasta que se rindió y llamó a la policía para reportar a Dan como perdido.

Yo me mantuve calmada y fuerte hasta el momento en que Jeb anunció que había escuchado la voz de Dan. Entonces me deshice en lágrimas, aceptando finalmente el temor y espanto que había estado rechazando por horas. El equipo de rescate necesitó más de dos horas para bajar a Daniel por la cañada. Luego los paramédicos lo transportaron en una camilla; cuando logré verlo en el hospital, las lágrimas surgieron de nuevo. Me trastornó pensar lo cerca que estuve de perder a este maravilloso hombre. Fue sólo hasta que sentí los brazos de Dan que me envolvían, que dejé de sollozar.

Me senté junto a su cama de hospital con los ojos fijos en el rostro que había temido no volver a ver nunca más, y Dan me narró lo sucedido. Inmediatamente después de haberse despeñado por el cañón, cuando comprendió lo serio de su predicamento, Dan dijo que pensó en mí y en lo mucho que me extrañaría si no podía regresar. Al yacer en el fondo del agreste despeñadero buscó en su derredor hasta que encontró una piedra apropiada. Utilizando la piedra, con una punta bastante aguda, logró grabar un mensaje para mí en una roca junto al sitio donde se hallaba tendido. Si sucedía lo peor, esperaba que con el tiempo yo viera la roca y supiera que había estado con él siempre, muy cerca en su corazón.

Empecé a llorar de nuevo. Sabía que amaba a mi esposo con toda mi alma, pero no estaba preparada para esto, para la profundidad de su amor por mí.

Porque en algún lugar, en las profundidades de las boscosas colinas del cañón Laguna, hay una roca con un corazón grabado en su costado. Y en este corazón están grabadas las palabras: Elizabeth, te amo.

Elizabeth Songster

Zapatos tenis nuevos

Bendita es la influencia de un alma humana sincera y amorosa sobre otra.

George Eliot

No tenía idea de a dónde ir o qué hacer. Sólo caminábamos, yo pensaba en todo el maltrato que había sufrido a manos de mi esposo. En esos pocos años me había golpeado, fracturado, disparado, apuñalado y ultrajado. Finalmente reuní suficiente valor y fuerza para dejarlo. Me llevé a mis dos pequeñas, Kodie y Kadie, conmigo. Ya era nuestra tercera semana en la calle. Aunque busqué trabajo, no podía pagar una guardería. Quería trabajar, pero no sabía qué hacer con mis hijas, ya que todavía eran bebés, una de dos y la otra de cuatro años. Me sentía perdida.

Recurrí a un par de misiones locales, pero nos rechazaron. No saqué las actas de nacimiento de las niñas cuando abandoné la casa, y no pensaba regresar allá, ¡jamás!

En un Kentucky Fried Chicken de la localidad iban a desechar pollo que había estado demasiado tiempo en el fuego. Hablé con el administrador y le pregunté si podía tomarlo para mis hijas. Respondió que tenía que esperar hasta que el pollo se llevara al bote de desechos. El hambre no tiene orgullo. Una cajera nos escuchó y me ofreció que lo dejarían encima del bote, cosa que le agradecí. Así comimos un par de días.

Un día, caminando con las niñas, me detuve en una pizzería para pedir un vaso de agua para la más pequeña. Entonces lo vi, musculoso, varonil e italiano. Era el hombre más hermoso sobre quien yo había puesto los ojos. Sabía que yo me veía terrible, pero aun así nos sonrió amistoso. Le pedí un poco de agua y me indicó que me sentara mientras la traía.

Trajo el agua y comenzó a hablar sobre lo duro que era levantar a una familia en esta ciudad. Se retiró un momento para contestar el teléfono y, cuando regresó, trajo mucha comida. Más de la que yo había visto en todo el mes. Me sentí muy avergonzada y le hice ver que no tenía dinero para pagarla. "Es a cuenta de la casa", respondió, "sólo damas bonitas como usted reciben este tipo de trato". Pensé que debía estar loco.

Nos quedamos ahí sentados un rato, platicando un poco. Luego comenzó a hacer preguntas que me pusieron nerviosa. "¿Cómo se hizo esas contusiones en la cara? ¿Por qué no lleva puesto un abrigo?" Cosas así. Respondí con la mayor calma posible y él escuchó pensativo. Luego, envolvió la comida y la colocó en la bolsa del carrito de la bebé. Lavé a las niñas en el tocador y traté de asearme un poco. Me veía terrible. No es que estuviésemos sucias, sólo desaliñadas. Al salir le dimos las gracias y él insistió en que regresáramos cuando quisiéramos. No obstante, yo no quería echar a perder nuestra bienvenida. El invierno estaba a la vuelta de la esquina y yo, o daba con una solución para trabajar, o imaginaba cómo irme a Georgia para estar con mi familia. Nos alejamos y comencé a buscar un lugar para pasar la noche.

Un poco más tarde, caminando sin rumbo, la bebé escupió. Yo había visto que el hombre había puesto algunas servilletas con la comida, cuando quise tomar una, encontré nueve dólares envueltos en un fajo. *Tal vez por accidente colocó el dinero ahí cuando me dio la comida,* pensé. Pero yo sabía que no podía aceptarlo. Así que me volví y regresé al restaurante.

Ahí estaba de nuevo. Le expliqué que había encontrado ese dinero y que quería regresárselo.

—Yo lo puse ahí a propósito —respondió amable—. Siento no haber tenido más.

¿Por qué hacía esto? Un ángel. Fue lo primero que pensé. Todo lo que pude hacer fue balbucear otro avergonzado agradecimiento.

—Traiga mañana a las niñas a almorzar —manifestó. Me dejó muda. ¿Por qué se comportaba tan amable con nosotras? Pero sin ninguna otra esperanza, acepté, dije adiós y nos retiramos otra vez.

Más o menos a media cuadra sentí que alguien nos seguía. Me puse nerviosa por mis dos hijas, así que de inmediato me oculté en una callejuela con las niñas y traté de que la bebé guardara silencio. No obstante, insistía en hacer ruido y no hubo forma de callarla. Sentí que alguien se acercaba y me quedé sin aliento. Era el hombre del restaurante.

—Sé que no tiene dónde quedarse —manifestó.

—¿Cómo lo sabe? —mi corazón latía cada vez con más fuerza. ¿Iría a entregar a mis hijas al Estado?

—Lo puedo saber por sus zapatos.

Miré hacia abajo, hacia mis pies. Mis zapatos tenis tenían caritas felices por todos lados, pero estaban un poco desgastados por el uso, tenían hoyos y se mantenían atados por hilachos.

—Bueno —tartamudeé con el rostro sonrojado—, me gusta usar zapatos cómodos.

—Mire —comenzó— ¿quiere un lugar caliente para asearse y pasar la noche?

Vacilé. Yo no conocía a este individuo. Sí me gustaba la manera como sus ojos cafés animaban mi corazón, pero eso no era suficiente para tomar la decisión de "ir a casa de un extraño".

—Gracias —murmuré—, pero no.

Señaló el departamento arriba de donde estábamos.

—Si cambia de opinión, todo lo que tiene que hacer es subir y tocar a la puerta.

Le di de nuevo las gracias y lo vi retirarse.

Era hora de acomodar a las niñas para que pasaran una noche confortable, tanto como se puede estar cuando se duerme en la calle. Al sentarme junto al carrito vi una sombra en la ventana arriba de nosotras. Era él. Se sentó ahí por horas. Sólo atento a nosotras.

De pronto caí en un sueño intranquilo. Exhausta por mi penosa experiencia, ni siquiera noté que comenzó a llover, así que al principio ni siquiera me percaté de que él estaba parado junto a mí viéndome. Eran las tres de la mañana.

—Por favor —pidió—, suba a las niñas. No quiero que nadie se enferme.

—No puedo —respondí.

—Está bien —contestó—. Creo que tendré que pasar la noche aquí con ustedes —acto seguido se sentó en el piso.

Me di por vencida y murmuré:

—No tiene sentido que todos nos mojemos —lo dejé que subiera el carrito por las escaleras, con una de las niñas todavía dentro. Nos ofreció a mí y a las niñas su cama y él se acomodó en el sillón.

—¿Está seguro de lo que hace? —pregunté con timidez.

—Mire, sólo trate de dormir un poco, ¿está bien? —entonces me dio las buenas noches. Pero no pude dormir. Ya no tenía miedo de este gentil hombre. Estaba... nerviosa.

Al día siguiente él salió y compró ropa nueva y juguetes para las niñas, y a mí me trajo unos tenis nuevos. Eso fue hace unos seis años. Todavía estamos juntos y tenemos dos pequeños. Doy gracias a Dios de que nos haya enviado a Johnnie Trabucco. Ahora tenemos un hogar estable y un ambiente amoroso. Ya no hay más dolor.

Kim Lonette Trabucco

Ámame con ternura

El año más difícil del matrimonio es el año en que uno empieza.

Franklin P. Jones

Está lloviendo. Claro. ¿Por qué iba a ser diferente el peor día de mi vida?

Libby Dalton, de dieciocho años, miraba por la ventana con los codos apoyados en la mesa y la barbilla oculta entre sus puños. Cada vez que la iluminación titilaba a través de la lluvia que golpeaba incesante los cristales de la ventana, montones de cajas creaban sobre la pared diseños fantasmagóricos.

En menos de una hora estarían dejando su hogar y a la familia para vivir en algún remoto lugar llamado Levittown, Nueva York.

¿Fue apenas hace un mes que Johnny irrumpió en el departamento con su gran noticia... la oferta de trabajo, la oportunidad de salir de Milford y hacer algo que en verdad le gustaba? ¿Cómo decirle que ella no podía alejarse de su familia, de su hogar, de su vida?

Elizabeth Jane Berens y John Dalton Jr., la rubia porrista de ojos azules y el guapo jugador de futbol, fueron novios durante toda la secundaria, fueron elegidos "representantes de la realeza" en el último año de secundaria y en el libro del año se les consideró la "pareja más bonita" de la escuela Milford.

Eran los años cincuenta, la vida en la provincia norte-americana era dulce. Elvis Presley era el rey, y su último éxito, "Ámame con ternura", acababa de salir al aire. En el baile de gala, la pareja más bonita de Milford bailó suave-mente, cada uno perdido en los brazos del otro mientras la orquesta tocaba "su canción". La dulce voz de Johnny can-taba a su oído y el corazón de Libby se derretía.

—Ten cuidado —le advirtió su mamá—. Ya sabes lo que sucede con las muchachas que no se controlan.

Libby no tenía la intención de ser una de las mucha-chas de las que se hablaba en los vestidores. Ellos se es-perarían.

Pero la noche de la graduación, sin decir palabra, atra-vesaron la línea estatal y acudieron ante un juez de paz. No podían esperar más.

Del brazo de su recién adquirido esposo, Libby orgu-llosa mostró su anillo de bodas a los consternados padres que vieron sus sueños, esto es, la beca de futbol, el diploma de la universidad, el vestido blanco largo y el velo, des-vanecerse como burbujas en el aire.

—¿Estás embarazada? —preguntó la mamá cuando lle-vó a Libby a un lado.

—No —aseguró Libby, herida por la insinuación.

Al principio fue divertido jugar a la casita en el minúscu-lo departamento donde parecía que nunca tenían suficiente el uno del otro. Johnny trabajaba tiempo completo como mecánico en el taller de Buckner y por las noches asistía a la vocacional técnica para prepararse como electricista. Libby servía mesas en el comedor local. La novedad se extinguió, y al tropezarse el uno con el otro dentro de los estrechos límites de dos habitaciones, empezaron a soñar y a ahorrar para una casa propia.

Ahora, después de un año, Libby tenía cinco meses de embarazo, se sentía mal todos los días y tuvo que dejar de trabajar. Los amigos de la secundaria dejaron de lla-mar a la pareja, ya que nunca tenían dinero para ir a bai-lar y al cine. Las discusiones sustituyeron a las palabras de amor, así como las esperanzas y planes para el futuro se disolvieron en la vacía frustración de apenas irla pasando. Libby pasaba sus días, y en fecha reciente sus noches, sola en su pequeño departamento, sospechando que Johnny podía estar "haciendo de las suyas". Nadie trabaja *todas* las noches.

Un día, al recuperarse de otro ataque de malestar matutino, Libby miró en el espejo su cuerpo abultado y el cabello sin peinar.

¿Quién podría culpar a Johnny de hacer de las suyas? ¿Qué le queda aquí? Un bebé por venir, una esposa gorda y fea y siempre escasez de dinero.

Su mamá estaba afligida por su palidez y las ojeras.

—Tienes que cuidarte, Libby —aconsejaba la mamá—. Piensa en tu marido, piensa en el bebé.

En eso era en todo lo que Libby pensaba, en el bebé... en ese bulto impersonal en su interior que arruinaba su figura y la enfermaba todo el tiempo.

Entonces llegó el día en que Johnny le habló del nuevo trabajo en Levittown.

—Nos mudaremos a una casa de la compañía —manifestó, brillándole los ojos—. Es pequeña, pero es mejor que esta pocilga.

Ella asintió con la cabeza y parpadeó con rapidez para que él no viera sus lágrimas. No podía dejar Milford.

Nadie iría ese día a despedirse... La noche anterior, en su fiesta de despedida, todos les habían dicho adiós. Cuando Johnny sacó la última caja, ella recorrió su primer hogar, sus pasos resonaban en los pisos de madera desnudos. El olor a cera y muebles pulidos permanecía en el aire. Tenues voces llenaron las habitaciones al recordar la noche que pulieron esos pisos, riendo y empujándose el uno al otro, haciendo pausas intermedias para amarse. Dos habitaciones repletas de cosas, ahora vacías y frías. Es curioso cómo de inmediato se transformaron en cubos impersonales, como si nadie hubiera vivido o amado ahí nunca. Cerró la puerta a sus espaldas por última vez y corrió al camión.

El clima empeoró junto con su estado de ánimo al ir en camino.

—Es una compañía grande —comentó Johnny—. Levitton Manufacturing... partes electrónicas... una oportunidad para progresar...

Ella asintió con la cabeza y luego volvió a mirar por la ventanilla. Él terminó por dejar a un lado el intento de conversar y prosiguieron en silencio, un silencio interrumpido sólo por los golpes y rechinidos de los limpiadores. Al llegar a las afueras de Levittown, la lluvia cesó y el sol brilló a través de espacios entre las nubes.

—Buena señal —exclamó Johnny, mirando al cielo.

Ella aceptó sin decir palabra.

Después de algunos giros equivocados, encontraron su nuevo hogar; Libby miró solemne la pequeña caja en medio de cajas idénticas, como casas de Monopolio alineadas en la avenida Oriental.

—¿Volverás a reír otra vez, Lib?

Salió de la cabina y se regañó a sí misma. *Madura, Libby. ¿Crees que a él le es fácil?*

Se quiso disculpar, pero las lágrimas brotaron y mejor se dio la media vuelta. Sin decir palabra, introdujeron las cajas en la casa, colocándolas donde encontraban algún espacio.

—Siéntate y descansa, Lib —sugirió Johnny—. Yo termino de bajar las cosas.

Se sentó sobre una caja y miró por la ventana. *Por lo menos dejó de llover.*

Un llamado a la puerta interrumpió sus pensamientos. Abrió la puerta y encontró a una muchacha de su misma edad, obviamente embarazada, con un plato de galletas.

—Bienvenidos al vecindario —exclamó—. Yo soy Susan, aunque todos me llaman Souie.

Se sentaron sobre unas cajas, comieron galletas y compararon sus embarazos, malestares matutinos y dolores de espalda. A Souie le faltaban dos meses, a Libby cuatro.

—Si quieres, puedo venir mañana para ayudarte a instalarte —manifestó Souie—. Es excelente tener a alguien con quien platicar.

Amén, pensó Libby.

Cuando se despidió Souie, Libby vio la habitación con nuevos ojos. *Tal vez unas cortinas azules en la cocina...*

De pronto se abrió la puerta y Johnny entró corriendo, buscando con prisa entre las cajas. Sacó un radio pequeño, lo conectó y de pronto "su canción", y la voz de Elvis llegó por los aires hasta la cocina.

Escucharon la voz del animador junto con la música:

—... y esta petición viene de un par de recién llegados a la ciudad. Felicidades a John y Libby Dalton en su aniversario de bodas.

Johnny había recordado su aniversario; ella lo había olvidado. Las lágrimas fluyeron por su rostro y el muro de silencio y autocompasión que había construido a su alrededor se derrumbó.

Él la acercó a su lado y ella lo escuchó cantar suave y dulcemente a su oído.

Juntos bailaron entre las cajas, abrazados el uno contra el otro como si hubieran descubierto por primera vez el amor. La luz del sol se filtró por la ventana de la casa nueva de la ciudad nueva, y al sentir las primeras patadas de la vida nueva en su interior, Libby Dalton comprendió el significado del amor.

Jacklyn Lee Lindstrom

¿De verdad existe un príncipe encantado?

La verdadera alegría no proviene de la comodidad que da la riqueza o del elogio de los hombres, sino de hacer algo que valga la pena.

W.T. Grenfell

Muchas niñas crecen pensando que un príncipe encantado anda por ahí recorriendo cielos y praderas en espera del momento especial en que pueda entrar volando a sus vidas, las secuestre y se las lleve de un mundo de desaliento e incertidumbre a uno de verdadera dicha matrimonial.

Cuando las niñas se transforman en mujeres, se desilusionan un poco al descubrir que ellas son Cenicienta o Blanca Nieves, y que el hombre que pensaron era su Príncipe Encantado en realidad resulta ser el Príncipe Zoquete.

Marianne había vivido una vida como la de Cenicienta, a los ocho años de edad barría estacionamientos por un dólar, tratando de sostenerse a sí misma y a sus hermanitos, ya que su madre vivía a diario hostigada por una enfermedad mental. Apenas había pasado la adolescencia, cuando conoció al hombre que pensó sería su príncipe encantado.

Lo conoció donde trabajaba como mesera, y la cautivó. Era un músico con un grupo exitoso, parecía tener los ojos más grandes y cautivadores cuando la descubrió. ¿Y por qué no? Ella se veía tan dulce como Cenicienta, con sus rizos de color rubio oscuro, ojos verde esmeralda y un rostro que reflejaba inocencia y amor, pero que en realidad era la apariencia de una adolescente temerosa.

En todo lo que Marianne podía pensar era: *Me ama. Me ama. Me ama.*

En ese momento era verdad. Con el ímpetu de un semental, el hombre la tomó en sus brazos y la llevó al matrimonio. Todo iba perfecto en lo que a Marianne concernía. Tenía un bonito hogar y disfrutaba ver a su esposo tocar en el grupo. Por primera vez en la vida se sentía amada y adorada. Era tan felíz, que su dicha no se comparaba a la de Blanca Nieves. Y ahora está próxima a tener un bebé.

No sabía nada de otras mujeres.

Los dos fueron también desdichados de otra manera. No sólo se habían entrelazado entre sí, sino que entrelazaron sus genes recesivos. Cuando su primer hijo, Loren, nació, Marianne comprendió que algo estaba mal. No respondía a los sonidos. Durante un año Marianne luchó y consultó médicos que siempre le dijeron que no había nada mal.

Finalmente un especialista le informó que Loren era sordo y que no había nada que se pudiera hacer. Sollozó los primeros dos años de la vida de Loren mientras su esposo insistía en que su hijo estaba bien.

Los médicos les aseguraban que de tener otro hijo no sufriría tal desgracia, pero cuando nació Lance, al poco tiempo comprendieron que el recién nacido también era sordo.

Los muros de su ya tenso matrimonio, presentes en los sueños de hadas de la muchacha, se agrietaron, pero cuando Marianne se enojó porque su esposo se negaba a aprender a comunicarse con sus dos hijos, se derrumbaron.

Eso se lo dejó a ella, quien aprendió el lenguaje mímico tan rápido como le fue posible. Su esposo nunca se interesó, y cuando les hablaba a los niños, los trataba como si fueran perros, los acariciaba en la cabeza y les ladraba una palabra o dos.

Se llevó a sus hijos a casa de sus suegros, quienes ignoraron a los niños. Cuando llevaba a sus hijos de compras, los dependientes mostraban desagrado cuando sus hijos hacían ruidos como gruñidos. Y ahora supo de las otras mujeres. A veces su esposo no se molestaba en llegar a casa. Sus amigas dejaron de visitarla y Marianne sintió una terrible soledad. La tensión y la soledad comenzaron a destruir a Marianne. Empezó a beber alcohol como si fuera agua. Alimentaba y vestía a sus hijos, los metía en la cama, pero se rehusaba a dejar su hogar. Incluso pensó en cortarse las venas de las muñecas.

"Imagine lo que se siente que sus amigos y su propia familia no se molesten en aprender a comunicarse con sus hijos", explicó. "Uno no tiene que saber lenguaje mímico. La bondad es un lenguaje. Todos lo comprendemos. Cuando uno ve a un niño así, no debe mostrar desagrado ni quedarse boquiabierto y retirarse. El mensaje que llega al niño es: 'Dios mío, eres un monstruo'. Sólo hay que ofrecerle la mano y sonreír".

Las sonrisas, abrazos y besos es lo que salvó la vida de Marianne. Los ojos de Lance y Loren eran fuente de adoración y amor, de un verdadero amor, del tipo que Marianne jamás había conocido en su vida.

A Marianne le quedó claro que ella podía destruir su propia vida con alcohol y ataques de pánico, pero no podía echar a perder así la vida de sus hijos. Se esforzó y regresó a la escuela para terminar la secundaria. Consiguió trabajo en una compañía de seguros y ahorró centavo a centavo.

Cuanto mejor se sentía respecto a sí misma, más orgullosa se sentía de Loren y Lance. Comenzó a llevarlos de visita con sus compañeros de trabajo, quienes les mostraban bondad y ternura. Era el momento para que ella y sus muchachos dejaran la casa, que cortaran los lazos con el padre y siguieran adelante con su vida.

Un día que llevó a sus hijos al trabajo, al entrar en la oficina del director de seguros, estaba un hombre de nombre Eric, con Loren sentado en su regazo. Eric la miró y el cielo se tambaleó. Dijo estas sencillas palabras:

—Me siento como un idiota. Me encantaría hablar con su hijo. ¿Sabe dónde podría aprender el lenguaje mímico?

Marianne pensó que se iba a desmayar. Nadie le había preguntado nunca si podían aprender a comunicarse con sus hijos. Temblaba por dentro cuando le explicó a Eric que si en verdad estaba interesado, ella sabía dónde podía aprender. Le pareció mejor no creer en él, pero le mostró de inmediato que no estaba bromeando cuando se inscribió en la clase y a los pocos días la empezó a saludar con mímica.

Cuando los niños la acompañaban, él los llevaba a caminar por el muelle cerca de su oficina. Cuando podía, ella los acompañaba y miraba a Eric, quien se estaba volviendo un maestro en el lenguaje mímico, hablaba y reía con sus muchachos como nadie lo había hecho antes.

Y cada vez que sus hijos veían a Eric, se iluminaban como el sol y las estrellas en el cielo. Nunca los había visto tan felices. Su corazón se sacudía de emoción. Comenzó a enamorarse.

Marianne no sabía si Eric sentía lo mismo hasta que salieron juntos del trabajo una noche y fueron a pasear a un muelle ante el océano Pacífico. Él le dijo con mímica de que estaba enamorado y quería casarse. El corazón de Marianne bailó de alegría.

La pareja se mudó a una pequeña ciudad y abrió un próspero negocio de seguros. Tuvieron dos niños más, Casey y Katie, de los cuales ninguno nació sordo, pero ambos aprendieron el lenguaje mímico antes de cumplir cinco años de edad.

En los momentos más felices de su vida, Marianne comenzó a despertar a medianoche con el oído ardiéndole de dolor y luego empezaba a sollozar. Su comportamiento era inexplicable porque no podía pensar en una época en que se hubiera sentido más amada y feliz.

Eric le acariciaba los cabellos, la tomaba de la barbilla y le preguntaba qué sucedía. Lo único que podía responder era:

—No sé. No sé —y entonces él la abrazaba un rato.

Pasaron varias semanas y Marianne no dejaba de despertar sollozando. Luego, como un relámpago, despertó sabiendo la respuesta.

Le gritó a Eric, su "caballero de resplandeciente armadura", que no estaba haciendo suficiente por ayudar a los niños sordos en el mundo, que estaba destinada a ayudarlos a encontrar su lugar en la sociedad, que estaba destinada a enseñarle al mundo cómo comunicarse con estos niños.

Eric la rodeó con sus brazos y exclamó:

—Hagámoslo.

Juntos crearon Hands Across America—"It Starts with You" (Manos a través de América—"Comienza Contigo"), una organización que estimula al público a aprender el lenguaje mímico, y que ha comenzado a hacer videos educativos que utilizan al mismo tiempo niños sordos y niños que oyen bien.

Así que si alguna vez usted tuviera la oportunidad de hablar con Marianne y preguntarle si hay algo de cierto en los cuentos de hadas como Cenicienta y Blanca Nieves, tal vez le responda que ella ha aprendido mucho sobre dichas historias en la vida real.

Es probable que le explique: "No cabe duda de que hay muchos Príncipes Zoquetes por ahí, pero sin lugar a dudas hay algunos Príncipes Encantados, y también hay muchas Cenicientas".

Diana Chapman

6

SOBRE LA FAMILIA

La única forma de vivir por siempre es amando a alguien, ya que es así como uno deja verdaderamente un regalo tras de sí.

Dr. Bernie Siegel

Una leyenda de amor

Si el amor no sabe dar y tomar sin restricciones, no es amor sino transacción.

Emma Goldman

Edward Wellman se despidió de su familia en la vieja patria para buscar una vida mejor en América. Papá le entregó los ahorros de la familia escondidos en un saquillo de cuero. "Los tiempos aquí son desesperantes", manifestó, abrazando a su hijo al despedirse, "tú eres nuestra esperanza". Edward se embarcó en el carguero Atlantic, el cual ofrecía transporte gratuito a jóvenes dispuestos a palear carbón a cambio de la travesía de un mes. Si Edward sacaba oro en las Montañas Rocosas de Colorado, con el tiempo el resto de la familia podría alcanzarlo.

Edward trabajó incansable meses enteros en su mina, y la pequeña veta de oro le proporcionaba un ingreso moderado pero constante. Al final de cada día, al entrar por la puerta de su cabaña de dos cuartos, suspiraba porque la mujer que amaba lo recibiera. Haberse separado de Ingrid antes de que pudiera cortejarla oficialmente fue lo único que lamentó cuando aceptó esta aventura americana. Sus familias habían sido amigas por años, desde que tenía memoria había deseado en secreto que Ingrid fuera su esposa. Su cabello largo y suelto y su radiante sonrisa la hacían la más bella de las hermanas Henderson. Apenas había empezado a sentarse junto a ella en los días de campo de la iglesia y a idear pretextos tontos para pasar por su casa sólo para verla. Al irse a dormir a su cabaña por las noches, Edward anhelaba acariciar su cabello castaño y tomarla entre sus brazos. Finalmente le escribió a su padre pidiéndole que lo ayudara para que su sueño se hiciera realidad.

Después de casi un año, llegó un telegrama con un plan para que su vida fuera plena. El señor Henderson había aceptado enviar a su hija con Edward a América. En vista de que se trataba de una mujer joven muy trabajadora con una buena habilidad para los negocios, trabajaría al lado de Edward durante un año para ayudar a que el negocio de la minería prosperara. Para entonces, ambas familias podrían lograr ir a América a celebrar la boda.

Al siguiente mes, mientras Edward trataba de transformar la cabaña en un hogar, su corazón le estallaba de alegría. Se compró un catre para dormir en el área de estar y trató de hacer que su antigua recámara fuera apropiada para una mujer. Una tela floreada reemplazó las cortinas hechas con bolsas de arpillera que cubrían la ventana mugrienta. Hizo un arreglo de salvia seca silvestre que colocó en un florero, hecho con una lata, sobre la mesita de noche.

Por fin, el día que había esperado toda su vida, llegó. Con un ramo de margaritas recién cortadas en la mano, se dirigió a la estación del tren. El vapor se onduló y las ruedas rechinaron al arrastrarse el tren hasta detenerse. Edward examinó una ventanilla tras otra buscando la sonrisa y el resplandeciente cabello de Ingrid.

Su corazón palpitaba de ansiedad, cuando de pronto se detuvo con un batacazo que lo hundió. No fue Ingrid, sino su hermana mayor, Marta, quien descendió del tren y se detuvo tímidamente frente a él, sin levantar la vista.

Edward sólo se le quedó mirando, atónito. Luego, con manos temblorosas le ofreció el ramo de flores.

—Bienvenida —susurró, con los ojos ardientes. Una sonrisa se grabó sobre el rostro desabrido de ella.

—Me dio gusto cuando papá dijo que habías mandado por mí —profirió Marta, mirándolo un instante a los ojos, antes de bajar de nuevo la cabeza.

—Voy por tus maletas —exclamó Edward con sonrisa fingida. Juntos se dirigieron a la carreta.

El señor Henderson y su padre no se equivocaron, Marta tenía una gran intuición para los negocios. Mientras Edward trabajaba en la mina, ella lo hacía en la oficina. Desde su escritorio temporal en un rincón de la estancia, llevaba archivos detallados de toda la actividad de la mina. En cosa de seis meses sus activos se duplicaron.

Sus deliciosas comidas y sonrisa tranquila embellecieron la cabaña con un magnífico toque femenino. *Pero era la mujer equivocada,* Edward se dolía al caer en su catre cada noche. *¿Por qué enviaron a Marta?* ¿Volvería a ver alguna vez a Ingrid? ¿Se había frustrado su sueño de toda la vida de tenerla como esposa?

Durante un año Marta y Edward trabajaron, jugaron y rieron, pero nunca se amaron. Una vez Marta besó a Edward en la mejilla antes de retirarse a su habitación y él sólo le sonrió con torpeza. A partir de ahí, ella pareció satisfecha con sus extenuantes caminatas por las montañas y largas pláticas en el pórtico después de las comidas.

Una tarde de primavera, las lluvias torrenciales deslavaron la colina erosionando la entrada de la mina. Con furia, Edward llenó costales de arena y los amontonó por donde corría el agua. Empapado y agotado, sus esfuerzos desesperados parecían inútiles. De pronto, ahí estaba Marta a su lado, sosteniendo el siguiente costal de arpilla abierto. Edward lo llenó de arena con la pala y luego, con la fuerza de cualquier hombre, Marta lo arrojó sobre la pila y abrió otro costal. Trabajaron varias horas sumidos en el lodo hasta las rodillas, hasta que la lluvia menguó. Tomados de la mano regresaron a la cabaña. Ante una sopa caliente, Edward suspiró:

—Nunca hubiera podido salvar la mina sin ti. Gracias, Marta.

—No hay de qué —respondió ella con su sonrisa acostumbrada, luego se fue en silencio a su habitación.

Unos días más tarde llegó un telegrama anunciando para la semana siguiente la llegada de las familias Henderson y Wellman. Aunque Edward trató de ocultarlo, la idea de volver a ver a Ingrid hizo que su corazón volviera a latir como antes.

Marta y él fueron juntos a la estación. Vieron a sus familias salir del tren al final de la plataforma, y cuando apareció Ingrid, Marta se dirigió a Edward.

—Ve con ella —lo animó.

Asombrado, Edward tartamudeó:

—¿A qué te refieres?

—Edward, siempre supe que yo no era la hija Henderson que querías que se te enviara. Yo te vi coquetear con Ingrid en los días de campo de la iglesia —señaló a su hermana que descendía del tren—. Sé que es a ella, y no a mí, a quien tú quieres por esposa.

—Pero...

Marta colocó sus dedos sobre los labios de Edward.

—Shhhh —lo acalló—. Yo te amo, Edward, siempre te he amado. Y por eso, todo lo que en verdad deseo es tu felicidad. Ve con ella.

Él le separó la mano de su cara y la retuvo. Al levantar su mirada hacia él, Edward vio por primera vez su belleza. Recordó sus paseos por las praderas, sus tranquilas noches frente al fuego, su trabajo junto a él con los costales de arena. Fue entonces cuando comprendió lo que había sabido por meses.

—No, Marta, es a *tí* a quien quiero —cubriéndola con los brazos, la besó con todo el amor que le explotaba por dentro. Sus familias se acercaron a su alrededor exclamando a coro:

—¡Estamos aquí para la boda!

LeAnn Thieman

Pertenecer

Con la autopista delante de nosotros y el hogar atrás, el fotógrafo y yo partimos a cumplir con un trabajo de tres días para el periódico.

Íbamos rumbo a la garganta Columbia, esto es, al desfiladero donde el río Columbia ha erosionado un paso de una milla de ancho entre Washington y Oregon; adonde los deportistas de tabla hawaiana con vela llegan desde todos los rincones del país para danzar entre las olas creadas por "vientos nucleares"; donde estaría yo lejos del mundo de la oficina, de plazos que vencen, de rutinas, de mandados, de apresurar niños para el entrenamiento de beisbol y de tener que asegurarme que mis calcetines no se quedaran tirados en la recámara. Lejos de la palabra *R*: "responsabilidad".

Con toda franqueza, no había sido la despedida perfecta. A nuestra familia le faltaba todo. Nuestro automóvil modelo 81 mostraba signos de Alzheimer automotriz. Todos estábamos cansados, irritables y tratábamos de sacudirnos los resfriados. Mi hijo de ocho años trató de animarnos con su versión fuera de tono de la canción de una revista musical de Broadway. Pero no funcionó.

Yo había estado ocupado tratando de prepararme para el viaje; mi esposa Sally había estado ocupada en inquietarse porque mis tres días de libertad le iban a costar tres días de más responsabilidad.

—Papi, ¿oirás a mi clase cantar el martes por la noche? —preguntó Jason, mi hijo de ocho años, en medio del caos de mi partida. Si yo hubiera sido Bill Cosby, en mi rostro habría aparecido una expresión graciosa, habría dicho, "bueno, por supuesto", y todos habríamos vivido felices por siempre, o por lo menos una media hora. Pero esa mañana definitivamente no me sentía Bill Cosby.

—No, Jason, estaré fuera de la ciudad —respondí—, lo siento —le di un beso rápido a Sally y me alejé.

Ahora, horas después, me encontraba lejos de la familia, lejos del desorden, de narices chorreando, de demandas sobre mi tiempo. Sabiendo poco el uno del otro, el fotógrafo y yo fuimos platicando a lo largo del camino sobre nuestras vidas. Más o menos de mi edad, poco más de treinta años, estaba casado pero no tenía hijos. Él y su esposa habían visto demasiados casos en los que las parejas con niños se veían atadas, corriendo a buscar quien cuidara de los niños y forzadas a declinar viajes espontáneos. Me platicó que él y su esposa habían hecho no hacía mucho tiempo un viaje juntos, y solos, a la garganta. A mi mente se le presentaron dos motivos de reflexión. *¿Solos? ¿Cómo sería eso?*

Yo recordaba vagamente ese tipo de libertad. Salir cuando a uno se le antojaba. Nada de súplicas de "quiero montar a caballo" justo cuando uno está a punto de caer dormido. Nada de habitaciones como si hubiera pasado un tornado. Además de no tener hijos, el fotógrafo no tenía papas fritas de seis meses tiradas en el piso de su auto, no tenía piernas del muñeco articulado de Superman en su tablero, ni mapas de carreteras embarrados de chocolate en su guantera. *¿Dónde me había equivocado?*

Durante los siguientes días, a pesar de una amenaza de lluvia, exploramos el desfiladero: muros de basalto de gran altura que se elevaban a ambos lados del Columbia, tablas hawaianas con recubrimiento fluorescente, como mosquitos de neón, que dibujaban estelas en el agua. Si la tierra y el agua atraían el interés, asimismo lo atraían los deportistas de tabla hawaiana con vela.

Había miles de ellos, casi todos de la generación de los cincuenta, que pasaban los días en el agua, las noches en la ciudad, las mañanas en la cama. Uno de cada cuatro autos llevaba una tabla en el toldo. Placas de autos de todas partes del país salpicaban las calles.

Algunos de estos "deportistas" eran espíritus libres al viento que vivían en sus camionetas; otros eran jóvenes ejecutivos bien establecidos que venían por un fin de semana o de vacaciones. En las noches, el centro de la ciudad a orillas del río se convertía en la versión de Oregon de una ciudad playera de California: elegantes paseantes comiendo, bebiendo y divirtiéndose, perdidos en un mundo de frivolidad y libertad.

Para mí, ver este tipo de gente era como descubrir una vieja tribu perdida. *¿Quieres decir que mientras yo estoy ocupado tratando de reacomodar una cadena de bicicleta atorada, esta gente se apretuja para ir a sacudirse al ritmo del rock en los centros nocturnos? ¿Que mientras yo deposito cheques para los gastos de comida, cuentas de ortodoncista y futuros gastos universitarios, esta gente está decidiendo el color de la tabla hawaiana que se va a comprar? ¿En dónde me equivoqué?*

Durante nuestra última noche persistió el clima nublado, lo que irritó al fotógrafo y reflejó el estado de ánimo que me había invadido; ambos necesitábamos sol, sólo que por diferentes razones.

Al estar observando el río allá abajo desde la habitación del motel, sentí una especie de vacío, como si no perteneciera ni aquí, ni a mi hogar ni a ningún lado. Así como los vientos de la garganta azotaban el río formando ondulaciones, así los vientos de la libertad abofeteaban mis creencias. Fe. Matrimonio. Hijos. Trabajo. Había anclado mi vida en estas cosas, sin embargo, ahora esa posición por estable que fuera no me ofrecía un buen sostén. *¿Había cometido algún error? ¿Me había agotado en los rigores de la responsabilidad? ¿Algún día, cuando fuera mayor, me iría a enfrentar de pronto con la amarga y fría realidad del arrepentimiento, deseando haberme dejado llevar por el viento?*

Me estaba preparando para meterme en la cama cuando la descubrí, una tarjeta en mi maleta, oculta debajo de algunas prendas. Era de Sally. La tarjeta mostraba unas vacas, a mi esposa le encantan los bovinos, y tan sólo decía: "Te amaré por siempre".

Miré la tarjeta varios minutos y repetí las palabras. Miré la misma letra que había visto en las cartas de amor en la universidad, en el acta de matrimonio, en dos actas de nacimiento, en un testamento.

Al irme a la cama no hubo necesidad de llamar a la administración para pedir una llamada que me despertara; ya había recibido una. La tarjeta perforó mi endurecido corazón, declaró culpable a mi egoísta conciencia y centró una vez más mi empañada perspectiva. Supe con exactitud en dónde debía estar.

Al siguiente día, después de una entrevista de dos horas, seis horas de conducir y una carrera de tres cuadras, llegué a la escuela de mi hijo, ansioso y exhausto. El festival de canto había comenzado hacía veinte minutos. ¿Me habría perdido la canción de Jason? Corrí a la cafetería, estaba atiborrada. Desesperado, me abrí paso entre una multitud de padres que bloqueaban la entrada, hasta donde finalmente pude ver a los niños en el escenario.

Entonces los escuché, veinticinco voces de primer grado tratando desesperadamente de dar notas que estaban a cinco años de distancia. Mis ojos recorrieron este conjunto de niños, buscando a Jason. Por fin, ahí estaba. Primera fila, y como siempre, apretujado entre un par de niñas cuyos gérmenes, a juzgar por la mirada en su rostro, se le subían como hormigas en un día de campo.

Estaba cantando bien, pero con menos entusiasmo que cuando se le indica que tiene que limpiar su recámara. De pronto, sus ojos se toparon conmigo y su rostro se iluminó con el tipo de sonrisa que un padre sólo llega a ver en un festival de canto de escuela primaria cuando sus ojos se cruzan con los de su hijo. Me había visto, un momento que permanecerá para siempre fijo en mi memoria.

Más tarde, a través de un mar de caras, ubiqué a Sally y a nuestro otro hijo. Después del festival, entre una multitud de padres e hijos, nos encontramos los cuatro, casi sin percatarnos de la conmoción que nos rodeaba.

No sentí vacío alguno, sentí unión. ¿Cómo podía un hombre ser tan afortunado?

Para los días por venir, resumí mi papel en la vida como reparador de bicicletas y proveedor del pan diario, esposo y padre, papeles que harían bostezar a un deportista de tabla hawaiana con vela.

Y a cambio de toda la emoción que pueda producir el dejarse llevar por el viento, decidí que prefiero la sonrisa de primera fila de mi hijo de ocho años.

Y por toda una vida de libertad en la garganta prefiero la responsabilidad de cuidar de la mujer que juró amarme por siempre.

Bob Welch

Alguien a quién tener

*Si puedo evitar que un corazón se rompa,
no habré vivido en vano.*

Emily Dickinson

Todas las madres desean ver a sus hijas felices y ama-
das. Y todas las hijas desean vivir felices por siempre. Así
que nos fue difícil a mi hija Jackie y a mí cuando se transformó en madre soltera. Ambas tuvimos que afrontar el
hecho de que su vida no reflejaría la imagen que un día
tuvimos de cómo "deberían" ser las cosas.

Y luego, como si no estuviera todo bastante mal, Jackie
decidió mudarse a otra ciudad con su hijo Kristopher, de
dos años, con la esperanza de comenzar una nueva vida.
Aunque el cambio significaría que estaríamos a muchos
kilómetros de distancia y que yo los echaría de menos, sabía que mi hija había tomado la decisión correcta.

Jackie era enfermera, y obtuvo un puesto para trabajar
por las noches en el hospital de la localidad. Con el tiempo,
se involucró con un joven. "Es maravilloso, mamá", mani-
festaba. Y aunque se le oía bien, yo seguía escéptica. *¿Qué
intenciones tenía este joven con mi hija? ¿Aceptaría a su hijo?
¿La trataría con ternura y amor, o sólo añadiría más dolor y aflicción a su vida?* A pesar de que me esforzaba sin cesar por
eliminar estas dudas de mi mente, no se alejaban.

Entonces, algo que todos los padres y abuelos temen, sucedió: el pequeño Kristopher se enfermó de gravedad. Cada vez que se le cargaba o tocaba, lloraba y se quejaba de dolor en las piernas. Después de varios angustiosos días, los médicos diagnosticaron su problema, osteomielitis, infección en el hueso, y era algo serio. Como parecía que la infección se extendía, lo hospitalizaron para una intervención inmediata.

Después de la operación, Kristopher fue devuelto a su habitación y se le aplicó suero intravenoso. Mangueras entraban y salían de sus pequeñas caderas para irrigar el área afectada. No obstante, a pesar de los líquidos y antibióticos, continuó la temperatura elevada. Kristopher perdió peso, no tenía apetito y se transformó en un muchachito de aspecto triste.

Los médicos nos indicaron que se requería otra cirugía para detener la infección, y una vez más, su cuerpo tuvo que pasar por otra dolorosa intervención. Después, a Kristopher se le colocó en una cuna; tenía tantas mangueras, que se nos indicó no moverlo, levantarlo, cargarlo, o que su madre lo meciera en brazos.

Todas las noches, para que Jackie regresara a su trabajo, yo viajaba una enorme distancia para ver a Kristopher. Sólo me podía quedar unas cuantas horas, ya que para regresar a casa requería otras tantas. Cada vez que me preparaba para retirarme, Kristopher me gritaba: "Por favor, abuela, no te vayas, porque si te vas no tendré a nadie a quién tener". Y cada vez se me partía el corazón al escuchar sus súplicas. Pero yo sabía que me tenía que ir, así que le decía que lo amaba y le prometía regresar pronto.

Una noche, al acercarme a la habitación de mi nieto en el hospital para hacerle mi visita nocturna, pude escuchar que alguien hablaba con él. Parecía la voz de un hombre. Al acercarme, pude escuchar la voz con más claridad, era firme y amable, y hablaba con Kristopher en un tono agradable. *¿Quién podrá estar aquí hablando con mi nieto así?*, me pregunté.

Entré en la habitación y lo que vi me dejó sin aliento.

Ahí, acostado en la cuna, estaba el joven del que mi hija me había estado hablando todo el tiempo. Su enorme cuerpo de un metro ochenta de altura estaba encorvado y se hacía lo más pequeño posible, su ancha espalda estaba presionada contra los barrotes de la cuna, y sus largos brazos estaban alrededor de Kristopher, acunándolo como si fuera un paquete de valor incalculable.

El joven me miró con una agradable sonrisa de explicación y manifestó tranquilo:

—Los bebés necesitan estar en brazos, y en vista de que no lo podemos sacar de su cuna, decidí introducirme y abrazarlo.

Lágrimas de alegría llenaron mis ojos. Comprendí que mis oraciones habían sido escuchadas. Mi hija había encontrado de verdad un hombre con corazón compasivo y tierno. Y a Kristopher se le había concedido su deseo, finalmente tendría "alguien a quién tener".

Kristopher tiene ahora veinte años y su recuperación fue total. Y el joven pretendiente de mi hija, John, se transformó en el mejor padrastro que pueda tener un muchacho.

Maxine M. Davis

Y tomó una fotografía

Siempre recordaré en particular y con agrado un sábado de abril de 1997 que estaba con mi hijo. Torey tenía cinco años de edad y apenas comenzaba a adaptarse al nuevo arreglo desde que nos divorciáramos su mamá y yo. Se trataba de un proceso bastante tranquilo en el que cada uno de nosotros tomó su propio camino sin ningún tipo de disputa. Yo me encontré con que el tiempo que pasaba ahora con Torey era de mejor calidad. Lo podía ver en la semana si llamaba con anticipación, y se quedaba conmigo un fin de semana sí y otro no. No podía decir que la vida fuera perfecta, pero sabía que podía ser mucho peor. La única preocupación que todavía me acosaba era que el divorcio pudiera hacer de algún modo que Torey pensara que no era posible que hubiera un matrimonio feliz, y no quería eso para él.

Ese viernes por la tarde recogí a Torey de la escuela como de costumbre. Le dije que le tenía una sorpresa para el día siguiente, pero que no le diría nada más. Mostró gran alegría tan sólo de pensar en qué sería y me pidió que le diera alguna pista. Finalmente le dije que iríamos a algún lugar y que eso era todo. Entonces empezó a adivinar, como lo hacen los niños: al parque, a los juegos, a la playa, y así siguió. Incluso supuso que iríamos a ver a sus abuelos, quienes ahora vivían en Miami, o a su mejor amigo, Trenton Stimes, quien hacía un año se había mudado a California.

Cuando no consiguió que la lluvia de preguntas lo acercara a lo que quería saber, comenzó con su rutina de trucos.

En este momento casi me convenció, pero mejor le dije que le daría una pista más.

—Tendrás que llevar tu cámara Polaroid porque vas a querer sacar muchas fotos —esto de algún modo lo tranquilizó.

Supongo que imaginó que si yo pensaba que a él le gustaría tomar fotos, entonces tendría que ser un lugar bonito, o tal vez sólo le gustó la idea de usar la nueva cámara. Sea lo que fuere, se calmó hasta la siguiente mañana. A las ocho en punto estuvo listo para salir. Ni siquiera intentó descubrir a dónde nos dirigíamos. Llevaba la cámara colgada al hombro y a cada paso me apresuraba. En verdad estaba impaciente por llegar, fuera a donde fuera.

Al ir conduciendo, no dejaba yo de voltear para ver sus ojos cuando nos acercáramos al señalamiento que decía "Lowry Park Zoo". Torey nunca había estado en un zoológico, pero lo había mencionado varias veces. Su entusiasmo me emocionaba, era mejor que verlo en Navidad o cuando le llevamos a su cachorro Snoop a casa.

En la entrada del parque había una fila que se movía con lentitud, y como Torey estaba impaciente, se salía una y otra vez de la fila y estiraba el cuello para ver algo. Miré hacia adelante y vi lo que obstaculizaba el paso. Una pareja de ancianos que caminaba muy despacio. Caminaban uno junto al otro, tomados de una mano y con la otra se sostenían del barandal, lo que hacía imposible apurar el paso mientras estuvieran en el camino de madera.

En vista de que Torey mostraba tanta prisa, temí que fuera a decir algo respecto a la pareja de ancianos que nos pudiera avergonzar a todos, así que empecé a hablar sobre los animales para mantenerlo ocupado. Al rato Torey ya no pensaba en otra cosa que no fueran los animales y corría de un hábitat a otro. Cerca del orangután, recordó la cámara.

—Papá, tengo que tomar unas fotos, ¿me ayudas?

Quité la correa, abrí el estuche y saqué la cámara. Entonces me di cuenta de que sólo quedaba una placa en la película de la cámara y que no había rollo de repuesto. Le expliqué a Torey que primero tenía que ver todos los animales para luego decidir a cuál le tomaría la foto.

Al principio se molestó un poco, pero la emoción de estar ahí lo animó y comenzó a concentrarse de nuevo en los animales. Después de recorrer toda el área, nos detuvimos en un local para tomar un refrigerio.

Le pregunté a Torey, mientras tomábamos nuestros refrescos, si ya sabía qué iba a fotografiar.

Afirmó con la cabeza y exclamó:

—¡Ah, sí! ¿Puedo ir a tomar la foto ahora?

Le pregunté qué tenía en mente, pero sonrió con timidez y no me lo quiso decir. Pensé que se estaba vengando por no haberle dicho que iríamos al zoológico. Así que finalmente le dije que podía ir a tomar la foto pero sin desaparecer de mi vista.

Señaló hacia un lugar cercano a los chimpancés y preguntó:

—¿Puedo ir hacia allá?

Incliné la cabeza en señal de aprobación y lo miré con recelo porque sabía que tenía algo en mente, ya que los chimpancés no eran de sus preferidos. Torey corrió al lugar que había señalado y me miró buscando mi consentimiento. Incliné la cabeza en señal de aceptación.

Lo vi levantar la cámara y tomar la foto, pero no pude ver lo que tomó porque un pequeño grupo de personas se interpuso. Corrió hacia mí de regreso con la cámara que empezaba a revelar la foto. Al principio no quiso que yo la viera, pero comprendió que le sería imposible negármela por siempre, así que me la entregó.

Me quedé boquiabierto de sorpresa cuando miré que en la fotografía estaba la pareja de ancianos que habíamos visto a la entrada. Cada uno tenía un brazo alrededor del otro y le sonreían a Torey.

—¿No son fantásticos? —se veía feliz—. Hoy cumplen cincuenta y un años de casados y todavía se aman. Se los oí decir.

En ese momento supe, tal vez por primera vez desde el divorcio, que todo iba a salir bien. Sabía que Torey comprendía que su mamá y yo jamás cumpliríamos cincuenta y un años de casados, pero que en su mente ambos éramos muy especiales.

Comprendí que Torey de algún modo sabía, ya desde los cinco años de edad, que esas personas que permanecen juntas cincuenta años o más deben ser sumamente especiales, tanto como para tomarles una foto. Y supe que lo que Torey prefirió recordar de su paseo ese día fue un instante de amor verdadero y duradero.

Ken Grote

El guiño

En el matrimonio no cuenta ni el esposo ni la esposa; lo que cuenta es el amor entre los dos.

Nisargadatta

No hace mucho tiempo, mi esposo, con quien llevo treinta años de casada, admitió que tuvo dudas antes de casarse conmigo. La tarde anterior a nuestra boda se detuvo en el salón donde se llevaría a cabo la recepción para dejar algo; mis padres estaban ahí. Mamá, conocida por sus talentos culinarios, se comprometió a preparar un simple pero delicioso menú para no menos de 150 invitados. Cuando mi futuro esposo entró, encontró a mi padre plácidamente sentado junto a la puerta de la cocina y a mi madre despotricando y bramando contra el pobre hombre. Papá estaba nada más sentado ahí, mientras mamá lo culpaba por todas sus mortificaciones. De todo, desde que un tarro de pepinillos era muy pequeño, hasta que las rebanadas de jamón eran demasiado delgadas, de todo tenía la culpa él.

Quienes conocían a mis padres probablemente atestiguarían que su matrimonio era un tanto extraño. Con toda honestidad, la mayoría calificaría a mamá de arpía, y a papá de marido tiranizado.

Como hija única, y etiquetada por mis padres como una "bebé que nos cambió la vida", crecí siendo testigo de su relación muy peculiar. Para cuando nací, ya llevaban más de veinte años casados. Recuerdo haberme preguntado si los demás padres llevarían así también su matrimonio. Con el paso de los años crecí y comencé a estudiar la interacción entre otras parejas. Cuanto más estudiaba otras relaciones, más me preguntaba por qué diablos mis padres se habían casado, ya no digamos permanecido juntos, cuando el divorcio es tan común como cambiarle el aceite al auto.

Cuando cumplí dieciséis años, mamá, diabética, enfermó de gravedad y pasó unos diez días en el hospital. Una de esas tardes, al regresar de mi trabajo de medio tiempo, encontré a papá sentado a la mesa de la cocina, jugando partida tras partida de solitario. De cuando en cuando miraba el reloj. Todavía no cenaba, tal vez porque prepararse un café era a todo lo que llegaba su habilidad en la cocina. Le preparé una comida caliente y retomó su solitario. Sonó el teléfono y contesté en la sala de estar.

—Hola, cariño.

—Hola, mamá, espero te sientas mejor que esta mañana cuando te pasé a visitar.

—Mucho mejor. ¿Está tu papá todavía en casa o ya se fue?

—No, todavía está aquí.

—¿Se habrá detenido por ahí a comer algo? Lo envié a casa, necesita descansar, se le ve agotado. Le dije que en el camino se comprara una hamburguesa o algo así. La comida en este hospital es espantosa. Tu papá no tiene por qué comer esta mugre, con que yo la coma es suficiente. Le dije que no regresara sino hasta después de las seis.

—No, no creo que se haya comprado nada, pero le acabo de preparar su cena.

—Gracias, cariño, tengo que irme porque me quieren sacar sangre, te veré por la mañana.

Regresé a la cocina para terminar de limpiar.

—Era mamá, le dije que ya habías cenado.

Miró de nuevo el reloj, eran las seis en punto.

—Gracias por la cena, cariño. Estuvo tan sabrosa como si la hubiera preparado tu mamá. Tengo que regresar al hospital.

Recogió su juego de naipes, lo guardó en su caja y se fue.

Recuerdo los sucesos de aquel día hace mucho tiempo, no porque yo hubiera notado algo especial en aquel momento, sino por la enfermedad de mamá y el maravilloso cumplido a mi habilidad culinaria por parte de papá.

Al mirar atrás comprendo que las acciones de mis padres durante esos días de prueba, esto es, la preocupación de mi madre por mi padre aunque ella estaba en verdad muy enferma, y él contando los minutos hasta que pudiera regresar a su lado, muestran de manera contundente cómo es su relación. Ambos actos dicen todo. Estas dos personas compartían mucho más de lo que el mundo podría percibir.

La perspicacia que adquirí no tiene precio. Es decir, que no hay dos relaciones iguales. Sería como comparar dos hojas de un mismo árbol. En la superficie ambas se ven iguales, pero son las diferencias minúsculas, indefinibles, las que hacen que las dos sean únicas.

Lo que para mí o usted puede parecer una unión singular, es perfectamente normal para la pareja involucrada. Las relaciones dependen de lo que uno da y toma, y las únicas personas que pueden juzgar el valor de lo que reciben son quienes están dentro del compromiso. Yo creo que el amor es una cosa muy íntima, y que la persona a la que uno se lo da es quien mejor lo puede valorar.

Mi esposo me comentó que en aquel lejano día, el anterior a nuestra boda, cuando se preguntó en qué diablos se estaba metiendo y casi se echa para atrás, una cosa lo detuvo. Cuando se paró detrás de la barra, miró a mi pobre, acosado, amilanado padre, escuchó la arenga de mi madre resonando por todo el salón, y entonces mi padre le guiñó el ojo y sonrió.

Después de casi cincuenta años de matrimonio, papá falleció de pronto hace diez años. Mamá sufrió un ataque severo que la dejó en silla de ruedas sólo dos meses después de que papá se nos fuera. Mamá siguió adelante otros seis años y dio la bienvenida a sus dos nietos antes de que nos abandonara para estar con papá.

No me cabe la menor duda de que tan pronto mamá pasó por las puertas aperladas y vio a papá, lo regañó porque necesitaba un corte de pelo o porque sus pantalones necesitaban planchado. Y estoy segura de que papá miró a San Pedro, le guiñó el ojo y sonrió.

Karen Culver

Las botitas rojas

Observa. Espera. El tiempo transcurrirá y cumplirá su propósito.

Marianne Williamson

Cuando mi nieta, Tate, celebró en fecha reciente su quinto cumpleaños, su madre le dio un regalo muy especial, un par de botas vaqueras rojas que le pertenecieron de pequeña. Cuando Tate deslizó sus pies dentro de las botitas rojas, comenzó a bailar de alegría por toda la habitación. Mi mente regresó a la tarde cuando mi nuera, Kelly, me mostró las botitas rojas y me platicó sobre el primer día que las usó. Como usted verá, Kelly no sólo experimentó entonces la emoción de usar su primer par de botas en verdad vaqueras, sino que también experimentó la emoción de conocer a su primer amor.

Fue su primer "hombre mayor", ella tenía cinco años y él, siete. El chiquillo vivía en la ciudad y su padre lo había llevado al rancho del abuelo de Kelly un sábado por la tarde a montar a caballo. Kelly estaba sentada sobre la cerca, observando a su abuelo ensillar a su poni. Estaba muy orgullosa de sus brillantes nuevas botas rojas y se esforzó en verdad por no ensuciarlas.

Justo entonces, el niño citadino se acercó a saludarla, le sonrió a Kelly y admiró sus botas vaqueras rojas. Debe haber sido amor a primera vista porque Kelly hasta le ofreció su poni para que lo montara. Nunca había dejado a nadie montar su poni.

El abuelo de Kelly vendió la caballeriza ese mismo año y ella jamás volvió a ver al niño. Pero por alguna razón, nunca olvidó ese momento mágico a sus cinco años de edad, y cada vez que se ponía sus botas vaqueras rojas pensaba en el hermoso niño citadino. Cuando creció y las botas le quedaron chicas, su madre decidió no desecharlas, sino guardarlas. Después de todo, Kelly había estado enamorada de sus botitas rojas.

Pasaron muchos años. Kelly creció y se transformó en una bella joven y conoció a mi hijo, Marty. Se casaron y tuvieron a su hija Tate. Un día, mientras Kelly rebuscaba entre cajas viejas para hacer una venta de artículos usados, encontró las botitas rojas. Tiernos recuerdos inundaron su corazón.

—Me encantaban estas botas —recordó con una sonrisa—. Creo que se las daré a Tate en su cumpleaños.

Las risas de Tate me regresaron al presente, y vi cómo mi hijo levantó en brazos a su hija toda sonrisas y bailó por toda la habitación, luciendo ella sus botas rojas de cumpleaños.

—Claro que me encantan tus nuevas botas vaqueras, cariño —declaró—. De hecho, por alguna razón, me hacen recordar el día que monté mi primer poni. Yo no era mucho más grande que tú.

—¿Es una historia de verdad, papá? ¿O una casi de verdad? ¿Tiene final feliz? Me gustan las historias que tienen un final feliz —manifestó Tate. Le encantaba escuchar a su padre narrar anécdotas de su niñez y le pidió que le platicara sobre la primera vez que montó un poni. Marty rió ante las interminables preguntas de su hija y se sentó en el sillón reclinable donde Tate se encaramó sobre su regazo.

—Fue una vez —comenzó— cuando yo tenía siete años de edad y vivía en la gran ciudad de St. Louis, Missouri. ¿Y sabes qué es lo que más quería en el mundo? ¡Un caballo!

Hasta le decía a papá que cuando fuera grande iba a ser un verdadero vaquero. Ese verano papá me llevó a un rancho no muy lejos de aquí para montar un verdadero poni. Recuerdo que ahí en el rancho había una pequeña, estaba sentada sobre la cerca y usaba unas botas vaqueras rojas nuevas, como las tuyas.

Kelly estaba sentada escuchando a Marty narrarle a su hija su primer paseo en poni, cuando llegó a la parte de las botas rojas, sus ojos se agrandaron de asombro y su corazón se llenó de regocijo: Marty había sido aquel hermoso niño citadino que conoció cuando tenía sólo cinco años de edad.

—Marty —exclamó con voz temblorosa—, yo era esa niña. Ese era el rancho de mi abuelo. Y esas son las mismas botas rojas.

Tate siguió sentada feliz en el regazo de su papá sin comprender que en ese momento mágico sus padres acababan de tomar conciencia de que se habían conocido de niños y de que incluso entonces ya sentían la conexión especial entre sus corazones.

Jeannie S. Williams

Un lazo inquebrantable

El espíritu humano es más fuerte que cualquier cosa que le pueda suceder.

C.C. Scott

La joven pareja está de pie en la parte frontal de la iglesia, el brazo de él rodea con ternura la cintura de ella. Antes de que lleguen familiares y amigos, encienden cinco velas blancas. Se dan un beso que produce un nudo en las gargantas de los espectadores.

Esta podría ser la boda de Cliff y Regina Ellis, quienes muestran así, sin lugar a dudas, su compromiso.

Pero no, se trata de un servicio en memoria de su hija de cinco años, Alexandra, quien durante dos años luchó contra el cáncer.

El día antes de morir, sus padres la ayudaron a irse de este mundo igual que le dieron la bienvenida, se introdujeron en la tina de baño y la abrazaron en la seguridad de la cálida tina.

Le hablaron de delfines, como aquellos con los que nadó en Hawai semanas antes. La acostaron en su cama matrimonial en una tranquila recámara en la planta alta, encendieron velas, tocaron música suave, le cantaron sus canciones favoritas en voz queda y la abrazaron. Ella se despidió de su gatito Simba, de su hermano de tres años, Zachary, y de cinco generaciones de familiares y amigos.

Cuando dejó de respirar, pasaron todavía algunas horas sentados ahí con ella, y luego la dejaron ir.

Con sólo treinta y uno y veintinueve años, respectivamente, Cliff y Regina son una joven pareja poco común. Fuerte, amorosa, con una sabiduría más allá de su edad. Mientras que la enfermedad terminal de un hijo tensiona a un matrimonio terriblemente, la larga lucha de Alex y su muerte cimentó el suyo mucho más.

Al reflexionar en la muerte de su hija y sus efectos, dos meses más tarde, comprendieron que su vínculo estaba forjado de *compromiso*: compromiso del uno hacia el otro y de ser los padres que Zach merece; compromiso con la fundación que han establecido para proporcionar información y apoyo a otros niños con cáncer; compromiso que les permitió seguir juntos durante este terrible año "patas arriba", en el que un momento los encontraba apreciando la puesta del sol, y el siguiente, preguntándose cómo podía ser la vida tan cruel.

Regina Rathburn y Cliff Ellis se conocieron en la secundaria a principios de los ochenta; ella estaba en primer año y él en el último. Primero salieron juntos ocasionalmente, luego formalizaron su relación cuando ella llegó al último año. Parecían ser almas gemelas que se entendían entre sí como con nadie más. Cliff era "divertido, sensible, cálido"; Regina era "hermosa y con una personalidad en verdad fuerte".

Cuando se casaron en 1988, su deseo fue tener varios hijos, una familia del tipo que conocía Regina, donde las personas comentan las cosas, se ríen y lloran juntas. "Siempre fui realista", acepta Regina. "Yo sabía que el matrimonio requiere mucho trabajo. Nunca esperé que sería dulzura y encanto. Si íbamos a madurar y a cambiar, teníamos que hacer un esfuerzo".

Alexandra nació al poco tiempo, una bebé perfecta que empezó a tener problemas respiratorios después del nacimiento. Cuando por fin llegó a casa, se introdujeron en una tina de agua caliente con su hija, segura en las manos del destino. Tres años después, Zach se les unió. Sus sueños se iban haciendo realidad, contando con todo el tiempo del mundo para sus hijos ya que administraban su propio negocio.

Luego se le diagnosticó a Alex cáncer en la columna vertebral. Durante dos años y medio dieron la gran batalla, en la que no faltó la quimioterapia. Cliff se rapó para usar el mismo "corte quimio" de su hija calva.

Luego, en el invierno, regresó el cáncer. Alex se negó a un transplante de médula espinal, no más hospitales, suplicó. Quería ir a Hawai y nadar con un delfín. Y así lo hicieron.

Ninguno de los dos sabía cómo reaccionaría el otro cuando llegara el fin. ¿Serían las mismas personas? ¿Se podrían seguir amando después de tal pérdida? No obstante, mientras Alexandra yacía muriendo en la cama matrimonial de sus padres, los sorprendió con un regalo invaluable:

"Tomó mis manos y las de mi esposo", manifiesta la madre, "y las unió por arriba de su cuerpecito". Fue como si su último acto aquí en la tierra fuera crear un lazo inquebrantable entre ellos.

"En ese momento miré a Cliff y pensé, *¡Dios mío, qué hermoso es!* Qué padre tan devoto ha sido. Vi en él un gran amor, una increíble entrega. Estábamos ahí con ella, un trabajo de equipo al cien por ciento. Exaltamos nuestros corazones, a nuestra hija, nuestra relación, igual que lo hicimos cuando nació".

Los ojos de Cliff y Regina se entrelazan a través de su estancia al recordar esa noche inolvidable.

"Y yo miré a Regina", recuerda Cliff, "y no pude imaginar poderla amar más. Me sentí todavía más atraído hacia ella, fue algo increíble".

Dos meses más tarde continúan firmes. Esto es lo que los mantiene juntos: sabiendo que el dolor es un acto solitario, se dan espacio el uno al otro.

Comprenden que el matrimonio, en especial el que está bajo tensión, tiene sus altas y sus bajas; algunos días son sencillamente días bajos, pero no son una razón para alejarse.

Están de acuerdo en que los hijos son su trabajo número uno, y su primer motivo de alegría. "Posterguen lo que sea pero dense tiempo para sus hijos", conminan a otros padres.

Al saber que la vida es corta y que es para disfrutarse, un conocimiento que adquirieron con dolor y que es poco común en personas tan jóvenes, pasan su limitado tiempo libre sólo con personas o en actividades que disfrutan y consideran útiles.

Saben que el tiempo cambia a las personas, y se estimulan el uno al otro a seguir madurando.

Reconocen que hasta en los momentos más sombríos hay maravillas por descubrir.

"Yo pensé que la muerte de Alex nos devastaría, que perderla sería perderme", admite Regina. "Ya no sabía quién era yo, pero Cliff me dijo algo que considero es la verdad más profunda de nuestro matrimonio: seamos quienes seamos, siempre estaremos juntos".

Jann Mitchell

7

LA FLAMA QUE NO CESA DE ARDER

Quienes nunca han conocido la profunda intimidad, y por lo tanto la compañía de un feliz amor mutuo, se han perdido lo mejor que la vida da.

Bertrand Russell

Miércoles

El gran logro de las pequeñas cosas hace la gran vida.

Eugenia Price

Ella es mi esposa, mi amante, mi mejor amiga. Nuestro matrimonio ha perdurado y madurado durante más de catorce años. Puedo asegurar con toda honestidad que después de todo este tiempo juntos, mi amor por Patricia no ha disminuido en lo más mínimo, de hecho, cada día que pasa, me encuentro más y más cautivado por su belleza. Los mejores momentos de mi vida son aquellos que pasamos juntos, ya sea sentados tranquilamente viendo televisión o disfrutando una tarde viendo un juego de los Cargadores de San Diego.

No existe ningún secreto del porqué nuestro matrimonio ha perdurado mientras que tantos otros han fracasado. No hay ninguna fórmula para tener éxito, pero les puedo manifestar que el aspecto más importante de nuestra relación es que nunca ha perdido el romanticismo que floreció cuando nos conocimos. Es demasiado frecuente que el matrimonio mate el romance que nació en el cortejo de una relación. Para mí, siempre he sentido que todavía cortejo a Patricia, y por lo tanto el romance jamás ha muerto.

El romance no es algo que se pueda enseñar o copiar. Uno sólo puede ser romántico a través de otro. Patricia, mi esposa a lo largo de catorce años, instaló el romance en mí. Yo soy romántico por ella. Patricia siempre ha hecho que surja lo mejor de mí. Son demasiados los diferentes aspectos de nuestro romance como para mencionarlos todos. No obstante, hay un interludio romántico especial que comencé hace quince años.

Antes de que nos casáramos, Patricia y yo no nos podíamos ver entre semana con la frecuencia que nos hubiese gustado. Los fines de semana siempre se pasaban demasiado rápido y los días intermedios se alargaban una eternidad. Decidí que necesitaba hacer algo para que los días de la semana se fueran más rápido, o por lo menos para que tuviéramos algo que esperáramos con anhelo a lo largo de la semana.

Todo empezó un miércoles hace unos quince años cuando compré una tarjeta y se la di a Patricia. No era ninguna ocasión especial. La tarjeta era sólo una expresión de lo mucho que la amaba y pensaba en ella. Elegí el miércoles sin ninguna otra razón especial que el hecho de que estuviera a la mitad de la semana.

Desde ese día nunca he dejado pasar un miércoles. Patricia ha recibido de mí una tarjeta cada miércoles, cada semana, cada mes, cada año.

No compro la tarjeta cada semana nada más por hábito. Es mi misión romántica de cada semana encontrar la tarjeta ideal. En ocasiones mi búsqueda me hace recorrer muchas diferentes tiendas para encontrar la tarjeta perfecta. Se sabe que dedico una cantidad considerable de tiempo frente a los anaqueles leyendo docenas de tarjetas diferentes antes de seleccionar la adecuada. La ilustración y las palabras en la tarjeta deben tener un significado específico para mí y hacerme recordar de algún modo a Patricia y nuestra vida juntos. La tarjeta tiene que evocar una emoción en mí. Sé que si una tarjeta hace que de mis ojos brote una lágrima de felicidad, he encontrado la idónea.

Patricia despierta cada miércoles por la mañana con la ilusión de encontrar su tarjeta, y aunque sabe que estará ahí, todavía se ilumina de emoción cuando abre el sobre y lee lo que está adentro. Y yo me entusiasmo igual que ella cada vez que le doy la tarjeta.

Al pie de nuestra cama está un baúl de latón que contiene todas las tarjetas que Patricia ha recibido de mí durante los últimos quince años, cientos y cientos de tarjetas, cada una llena de tanto amor como la siguiente. Sólo puedo esperar que nuestra vida juntos dure lo suficiente como para que llene diez cofres de latón con mis mensajes semanales de amor, cariño y, sobre todo, agradecimiento por la felicidad que Patricia ha traído a mi vida.

David A. Manzi

Joven por siempre

En tanto uno pueda expresar admiración y amor, será joven por siempre.

Pablo Casals

Algo muy extraño ha sucedido en el transcurso de mis veintiséis años de matrimonio. Mis padres se hicieron ancianos, nuestros hijos están listos para dejar el nido, pero yo no he envejecido. Sé que han pasado los años porque he sentido lo que he ido perdiendo. Se han ido los pantalones talla doce y los zapatos de plataforma. Se ha quedado atrás el rostro ansioso de una muchacha lista para afrontar cualquier reto. Pero de algún modo, como Tinkerbell, he quedado suspendida en el tiempo, porque a los ojos y alma de mi esposo... todavía tengo, y siempre tendré... dieciocho años, y seguiré siendo tan despreocupada y extravagante como el día que nos conocimos.

Todavía me llama su "encanto". Me lleva a ver películas de terror y nos sentamos en una sala llena de adolescentes que gritan. Nos tomamos de la mano y compartimos las palomitas, igual que como lo hicimos hace tantos años. Todavía perseguimos a los camiones de bomberos, comemos en fondas y escuchamos el *rock and roll* de los sesenta.

"Tú te verías bien con eso", manifiesta, señalando a una hermosa muchacha que se pasea por la plaza comercial;

lleva el cabello rubio suelto, el cual le cae hasta la mitad de la espalda, y usa una blusa corta con pantaloncillos muy cortos. ¿Mencioné que debe tener unos veinte años? Me dan ganas de reír a carcajadas, pero lo pienso mejor porque él habla en serio.

Cada julio me lleva a la feria del condado. En una cálida noche de verano paseamos por los terrenos polvorientos de la feria gozando todo lo que vemos y escuchamos. Comemos tiernas mazorcas de maíz y me compra recuerdos cursis. Los vendedores nos gritan desde sus puestos a lo largo del camino principal. Él lanza dardos a un tablero de globos tratando año tras año de ganar el oso de peluche más grande. Mientras que otros de nuestra edad se detienen a descansar en las bancas, nosotros gozamos de los juegos. Arriba, abajo y dando vueltas, nos abrazamos cuando las rechinantes ruedas de la montaña rusa dan su último giro. Cuando las horas nocturnas llegan a su fin, nos retiramos a nuestro lugar favorito, hasta lo más alto de la rueda de la fortuna, compartiendo un algodón de azúcar rosa y mirando el mar de luces de neón de colores a nuestros pies.

A veces me pregunto si no se da cuenta de que ya pasé las cuatro décadas, que nuestros hijos ya pueden tener hijos propios. ¿No nota mis primeros cabellos canos y las líneas alrededor de mis ojos? ¿No siente mis inseguridades? ¿No escucha mis rodillas crujir cuando me agacho? Lo veo... mirándome... con ojos jóvenes y juguetones, y sé que no lo ve.

A menudo me pregunto dónde estaremos en cuatro décadas más. Sé que estaremos juntos, pero ¿dónde? ¿En un asilo? ¿Viviendo con nuestros hijos? De algún modo estas imágenes no cuadran. Sólo una imagen es constante y clara. Cierro los ojos y miro a la distancia en el futuro... y nos veo... un anciano y su encanto. Yo tengo el cabello blanco, su rostro está arrugado. No estamos sentados frente a un edificio mirando al mundo pasar, estamos en lo más alto de una rueda de la fortuna, tomados de la mano y compartiendo un algodón de azúcar rosa bajo la luna de julio.

Shari Cohen

Todavía te amo

A unos tres metros y medio, en el costado oriental de la carretera estatal 103, que va de norte a sur por el poblado de Newbury, Nueva Hampshire (población: 1500 habitantes, más o menos), se encuentra una plancha de piedra color gris pardo de aproximadamente el tamaño de un hombre. La cara que da al sur es lisa, casi pulida, en un ángulo visible para el tráfico que va hacia el norte.

Hace unos veinticinco años, en el lado occidental de la carretera, frente a la piedra, había una pulcra casa con teja de madera de cedro blanco en cuyo patio trasero, como se le recuerda, picoteaban una docena de gallinas y polluelos. Sus huevos se transformaban en desayunos (y en un pequeño negocio secundario) para una familia de apellido Rule, cuya hija Gretchen era bonita, inteligente, sensata y de dieciséis años.

Había un muchacho, un muchacho tímido, también sensato, cuyo nombre se ha olvidado, que suspiraba por Gretchen Rule. Trataba de encontrar la forma de decírselo o mostrárselo, sin decírselo o mostrarse personalmente, y entonces dio con la piedra y escribió: "POLLUELA DE LA GRANJA, TE AMO", en letras de veinte centímetros de altura, pintadas con atomizador, en una noche con luz de luna y estrellada, o por lo menos así cuenta la historia. La muchacha lo vio y trató de adivinar quién sería el autor (aunque sólo fue en verdad un intento por adivinar); el pueblo y los automovilistas al pasar sonreían, hacían sus propias conjeturas y continuaban su camino.

El mensaje perduró por años, aunque la maleza creció hasta ocultarlo, y las letras, una vez blancas y bien marcadas, empezaron a decolorarse.

Gretchen Rule se fue a Harvard y luego a continuar la vida. El muchacho, quienquiera que haya sido, o es, se hizo hombre. La piedra se transformó en una reliquia, una nota de amor fuera de tiempo.

Una noche, hace diez, tal vez doce años (nadie vio cómo sucedió, y en la actualidad nadie puede decirlo con certeza), la maleza desapareció y el mensaje surgió otra vez pintado y renovado: "POLLUELA DE LA GRANJA, TODAVÍA TE AMO".

La piedra se transformó en un importante señalamiento. "Es la primera a la izquierda, pasando la "piedra de la polluela", se acostumbraron a decir los lugareños. "Polluela", "granja" y "amo" fueron las primeras palabras que un pequeño de jardín de niños de Newbury, hoy adolescente, aprendía a leer. Esquiadores que se dirigían hacia el norte desde Boston narraban cuentos de amor no correspondido. Cada año o dos, sin que nadie lo advirtiera, las letras surgían otra vez como nuevas y la maleza desaparecía.

Luego, a finales del último abril, un desconocido llamó a la oficina en Newbury del Departamento de Transportes de Nueva Hampshire para quejarse del *graffiti*. Al caer la noche de ese mismo día, todo lo que quedó del amor lejano de un muchacho tímido, fue un cuadrado de tres pies de pintura base de color rojizo. El *Concord Monitor* ofreció su réquiem: "No queda nada del mensaje de amor a Polluela de la Granja".

Pasó una semana, y con la llegada del amanecer del 30 de abril, un miércoles, el nuevo sol brilló sobre el amor más terco de New Hampshire: "POLLUELA DE LA GRANJA, TODAVÍA TE AMO".

El mismo mensaje, las mismas letras de veinte centímetros, pero esta vez más marcadas, las letras más gruesas y pintadas con brocha en lugar de atomizador.

En Newbury, los lugareños, inspirados ahora como nunca antes, se dieron a la tarea de asegurarse de que su importante señalamiento perdurara para siempre. Lo denominaron "Una petición de *status quo* al Departamento de Tránsito del estado de Nueva Hampshire", y lo llenaron de firmas, 192 firmas en el transcurso de un día. El Departamento respondió con una carta. El mensaje de la piedra de la polluela quedaría protegido por siempre.

Y con toda seguridad, en algún lugar, un hombre tímido de unos cuarenta años, debe haber sonreído.

Geoffrey Douglas

Tan sólo un martes

Un martes de fuertes vientos, a principios de los 50, un buen amigo se detuvo en nuestra casa para participarnos el nacimiento de su hija. Le pidió a mi esposo Harold que lo acompañara al hospital y me dijeron que los esperara a cenar.

Los dos entraron en la florería para escoger una maceta con tulipanes para la nueva madre, y a mi amor se le ocurrió llevarle también tulipanes a su esposa. Asimismo, decidió comprar dos docenas de rosas rojas como medida preventiva y cargó todo a nuestra cuenta que mantengo abierta para funerales, etcétera. (Creo que él pensó que esto era un etcétera).

Después de haber hecho la visita al hospital, pasaron a Gatto's Inn a tomar una cerveza fría, y llevaron las flores consigo para que no se fueran a marchitar dentro del auto. Una cosa lleva a otra y al poco rato los parroquianos del bar estaban preguntándoles sobre las rosas rojas y los tulipanes. Desprevenido y apenado, Harold contestó: "Son el regalo de aniversario para mi Dot".

Pero ni era nuestro aniversario ni mi cumpleaños. Tan sólo un martes. Uno tras otro, los parroquianos enviaron a mi esposo y a su amigo una copa para celebrar su aniversario. Como a las 9:30, los parroquianos le comenzaron a hacer bromas por celebrar solo. "Mi esposa estará ocupada hasta las diez", respondió, "pero me encontrará aquí para una cena con filete en el Salón Pino". De inmediato ordenó cenas con filete, no sólo para nosotros, sino para todos los parroquianos del bar. El hostelero arregló con agrado el salón de banquetes para dieciocho personas.

Ahora surgió el problema, cómo lograr que yo asistiera. No era mi lugar favorito, ya era tarde, me había dejado con la cena hecha, y tal vez yo estuviera preocupada y molesta.

Mi amado llamó un taxi y pidió al conductor, que era un amigo, ir a Dublin, decir a Dot que estaba en problemas en Gatto's y que acudiera de inmediato. Cuando llegó el taxista, yo estaba en camisón y bata de casa, con el cabello enredado en horrorosos rizadores de metal. Me eché encima un abrigo, me metí las botas con las pantuflas puestas y salí corriendo.

El bar estaba vacío cuando llegué a Gatto's. "Dios mío", exclamé, "debió haber sido algo muy serio". Una mesera me condujo hasta el salón de banquetes a oscuras. "¡Sorpresa! ¡Sorpresa!". Harold se levantó y me acercó una silla, me besó en la mejilla y susurró: "Luego te lo explico". Júrelo que lo hizo.

Bueno, rosas son rosas, y filete es filete, y la vida en matrimonio es para bien o para mal. Olí las rosas, sonreí a mis desconocidos invitados y le di a mi marido una sonora patada por debajo de la mesa. Nunca antes había cenado con esta gente, y de seguro nunca lo volvería a hacer, aunque sabía que sus deseos eran sinceros. Incluso bailé el "vals de aniversario" en ropa de dormir y botas, para celebrar el hecho de que era tan sólo un martes.

Dorothy Walker

Nena, tú eres...

mi cielo soleado,
mi aliciente preferido,
mi cálido lecho,
mi puerto en la tormenta,
mi más dulce presente,
mi estímulo emocional,
mi mejor amiga
hasta el final,
mi inspiración,
mi destino,
mi resplandor,
mi noche y día,
mi consuelo al corazón,
mi alivio a la ira,
mi bálsamo para el dolor,
mi fiebre de primavera,
mi joya muy particular,
mi oración correspondida,
mi alma y corazón,
mi vida hecha realidad,
mi carrusel,
mi estímulo en el desánimo,
mi mejor oportunidad,
mi último baile,
mi mejor golpe,
mi terrón de azúcar
mi tónico energizante,
mi aperitivo,

mi sol matutino,
mi goce nocturno,
mi pareja de baile,
la flor de mi jardín,
mi fuente de risas,
mi por siempre jamás,
mi envío celestial,
para quien fui creado,
mi fuego ardiente,
mi mayor deseo,
mi pareja del alma,
mi dulce destino,
mi amante soñada,
mi "antes que nadie",
mi confidente,
mi sentido común,
mi razón de ser
hasta que me muera.

En caso de que no lo sepas.

David L. Weatherford

En nuestro vigésimo aniversario de bodas

Sólo hay una pregunta seria. Y es: ¿qué hacer para que el amor persista?

Tim Robbins

Me da risa cuando alguien define la bigamia como tener un cónyuge de más y monogamia como ser la misma cosa. Pero para mí, el matrimonio es una aventura de comunicación de toda la vida. Eso ha sido por lo menos con mi esposo Marty.

Marty y yo hemos estado juntos durante más de veinte completos e intensos años.

Él es, diría yo con todo cariño, un individuo común, con los pies en la tierra. Por ejemplo, hace poco le comenté que estaba pensando tomar clases de pintura. Me miró, y sin inquietarse, preguntó: "¿Semilustre o látex?".

Ese es Marty.

Recuerdo que meses antes de nuestro vigésimo aniversario de bodas, comencé a pensar en nuestro matrimonio y me pregunté si, en verdad, era todo lo que debía ser. Nada estaba mal, hay que decirlo, tan sólo que parecía ya no haber ningún tipo de "novedad" en nuestra relación. Recordé la magia de tiempo atrás de vivir una nueva relación, el entusiasmo de conocer a alguien del que no se sabe nada y poco a poco ir descubriendo todos los adorables detalles de su personalidad; la alegría de descubrir lo que se tiene en común; la primera cita, la primera caricia, el primer beso, el primer arrebato de amor, el primer *lo que sea*.

Una mañana, mi desgastado marido y yo nos levantamos temprano para hacer nuestra caminata acostumbrada de seis kilómetros. Aunque el paisaje era hermoso, mi mente vagaba por otros rumbos, estaba pensando en todo aquello que parecía faltar después de veinte años de matrimonio, y en la posibilidad de estarme perdiendo de cosas nuevas que debería estar experimentando. Acabábamos de llegar a la mitad de nuestra caminata, un lugar sombreado donde dos cedros creaban un solitario arco privado sobre nosotros. Y cuando íbamos a dar media vuelta, mi esposo se me acercó, me tomó entre sus brazos y me besó.

Yo estaba tan ocupada pensando en todas las "nuevas" cosas que me podía estar perdiendo, que su beso me tomó totalmente por sorpresa.

Y ahí, en medio de un beso acalorado, pegajoso, sudoroso, en medio del jadeo del ejercicio, de pronto tomé conciencia de todos los regalos acumulados al vivir veinte años con Marty. Nos habíamos reconfortado el uno al otro cuando acaecieron las muertes de tres padres y dos hermanos. Juntos vimos a su hijo graduarse del Tecnológico de Virginia. Acampamos desde Nueva Escocia hasta las Montañas Rocosas de Canadá. Compartimos canciones con mi familia en Irlanda un 4 de julio, e hicimos caminatas a lo largo de la bahía de Anchorage, Alaska. Habíamos compartido muchas papas, muchas salidas de sol y mucha vida.

Nunca tuve este nivel de participación especial con ningún otro ser humano, sólo con mi esposo. Y justo ahora, *estábamos* compartiendo algo nuevo. Una caminata, una dulce, reconfortante y agradable camaradería que ofrecía nuevo amor cada día, y un beso que nunca antes se había dado y nunca se volvería a dar. Este momento *era* nuevo, como cada momento siempre lo sería.

Ese día nuestro vigésimo aniversario tomó un significado totalmente diferente, uno que está todos los días
conmigo desde entonces y es que dentro de nuestros más
antiguos compromisos pueden estar nuestros más recientes festejos.

Maggie Bedrosian

Sonríele a quien amas

La Madre Teresa solía dar a la gente consejos inesperados. Cuando un grupo de norteamericanos, muchos de la profesión magisterial, la visitaron en Calcuta, le pidieron un consejo que pudieran llevar a sus familias.

—Sonríanle a sus esposas —los exhortó—, sonríanle a sus esposos.

Pensando que tal vez el consejo era simplista al provenir de una persona soltera, uno de ellos le preguntó:

—¿Está usted casada?

—Sí —respondió, para su sorpresa—, y en ocasiones encuentro difícil sonreírle a Jesús. Puede ser muy exigente.

Eileen Egan

8

AMOR ETERNO

Las tiernas palabras que nos dijimos el uno al otro están guardadas en el corazón secreto del cielo. Un día, como lluvia caerán y se esparcirán, y nuestro misterio crecerá verde por todo el mundo.

Rumi

Arroz con leche

Sheila entró molesta al cuarto de personal con el uniforme salpicado con la cena de alguien.

—No sé cómo logras hacerlo —se dirigió irritada a Helen, la enfermera que supervisaba el turno nocturno. Sheila se tiró en una silla y vio de mal talante la bolsa estrujada de su cena—. La señora Svoboda me acaba de arrojar otra vez su bandeja, y está tan agitada que no sé cómo voy a poder limpiarla antes de la hora de dormir. ¿Por qué tú no tienes tantos problemas con ella?

Helen sonrió con simpatía.

—Yo también he tenido mis noches difíciles con ella, aunque claro, yo he estado más tiempo aquí, y conocí a su esposo.

—Sí, Troy. Me ha hablado de él. Es casi la única palabra que le entiendo cuando empieza con su animosidad.

Helen miró tranquila a la joven estudiante de enfermería. ¿Cómo explicarle lo que vio bajo la ancianidad externa de los residentes del asilo a quienes atendía? Sheila estaría aquí sólo durante el verano. ¿Era eso tiempo suficiente para aprender a amar lo casi imposible de amar?

—Sheila —comenzó vacilante—. Sé que es difícil trabajar con gente como la señora Svoboda, que es ruda, que no coopera y que está un poco resentida —Sheila sonrió con tristeza—. Pero tiene muchas cosas más que su demencia senil de todos los días —Helen se levantó para servirse otra taza de café—. Me gustaría platicarte de cuando conocí a los Svoboda.

"Cuando llegó la señora Svoboda, no estaba tan mal como lo está ahora, pero ya era un poco difícil. Solía quejarse de las cosas más insignificantes, que si su té no estaba lo bastante caliente, que si su cama no estaba bien hecha. En sus días malos nos acusaba a todas de robarle sus cosas. Yo no solía tenerle paciencia, hasta que un día, a la hora del baño, su esposo estaba ahí. Yo me estaba preparando para la acostumbrada lucha con ella, cuando él me preguntó si podía ayudar. 'Claro', contesté agradecida. Todo iba bien hasta que empecé a bajar el elevador de la tina. Por suerte estaban puestos los sujetadores, porque empezó a patalear y a gritar.

"Comencé a bañarla deprisa, ansiosa por terminar con todo eso, cuando de pronto Troy me tocó en el brazo. 'Déle un momento para que se acostumbre al agua', me pidió. Entonces le comenzó a hablar en ruso con dulzura. Después de un rato se calmó y pareció escucharlo. Con delicadeza me quitó la toallita y el jabón y le lavó las manos. Luego, despacio y con cuidado, le lavó los brazos y los hombros, recorrió toda esa piel arrugada y cetrina. Cada toque era una caricia, cada movimiento una promesa y de pronto tomé conciencia de mi intrusa presencia en un raro momento de intimidad. Después de un rato ella cerró los ojos y se relajó dentro del agua caliente. 'Mi hermosa Nadja', murmuró el anciano, 'eres tan hermosa'. Para mi sorpresa, la señora Svoboda abrió los ojos y murmuró: 'Mi hermoso Troy'. Pero lo que me sorprendió todavía más, fueron las lágrimas en sus ojos.

"El señor Svoboda reclinó el elevador y le introdujo el cabello en el agua. La anciana suspiró de placer mientras él se lo enjabonaba y enjuagaba. Luego la besó en la sien. 'Listo, preciosa, vamos afuera'.

"Tuve que quedarme con ellos aunque no me necesitaban, lo que me permitió tener una imagen de la mujer amada que se escondía en lo profundo de las ruinas de la ancianidad. Nunca antes pensé en ella de esa manera, ni siquiera conocía su nombre de pila".

Sheila guardó silencio mientras revolvía su yogur sin levantar la vista. Helen respiró profundo y continuó su historia.

—La señora Svoboda se mantuvo tranquila toda esa tarde. Su esposo me ayudó a vestirla y a darle su almuerzo. Se quejó de la comida y en un momento dado tiró la sopa. El señor Svoboda limpió todo con paciencia y esperó hasta que terminara el berrinche. Luego, sin prisa, le dio el resto de la comida y le habló hasta que estuvo lista para irse a la cama.

"Me quedé preocupada por el anciano. Se le veía totalmente exhausto. Le pregunté por qué insistía en hacer tanto cuando a nosotras se nos pagaba por ello. Me dio la cara y sólo respondió: 'Porque la amo'.

"'Pero usted se está agotando', insistí.

"'Usted no comprende', continuó. 'Hemos estado casados casi cuarenta y nueve años. Al inicio, la vida en la granja fue más dura de lo que cualquiera pueda imaginar. La sequía acabó con nuestras cosechas y no hubo suficiente pastura para el ganado. Nuestros hijos eran pequeños, y yo no sabía cómo iríamos a sobrevivir el invierno. Me sentía incompetente, y eso me hacía enojar. Ese año, vivir conmigo debe haber sido muy difícil. Nadja aguantaba mi mal humor y me dejaba solo, pero una noche estallé en la mesa a la hora de la cena. Ella había preparado nuestro postre favorito, arroz con leche, y en todo lo que yo pensaba era en la cantidad de azúcar y leche que había usado'.

"'De pronto, no lo pude soportar más, tomé mi tazón, lo arrojé contra la pared y me fui furioso al establo. No sé cuánto tiempo estuve ahí, pero al caer el sol, Nadja fue a buscarme. "Troy", manifestó, "tú no estás solo con tus problemas. Yo prometí estar contigo en todo lo que la vida nos deparara. Pero si no me lo vas a permitir, entonces tendrás que irte". Habló con lágrimas en los ojos, pero con firmeza en la voz. "Por el momento no eres tú, pero cuando estés dispuesto a estar de nuevo con nosotros, aquí estaremos". Entonces me besó en la mejilla y regresó a la casa'.

"'Esa noche me quedé en el establo, y al siguiente día me dirigí a la ciudad en busca de trabajo. No había nada, claro, pero seguí buscando. Después de casi una semana, ya no podía más, me sentía un fracasado total como granjero y como hombre. Me dirigí a casa sin saber si sería bienvenido, pero no tenía a dónde ir. Cuando me vio llegar por el camino, Nadja se me acercó corriendo, con los listones del delantal volando. Estiró los brazos para abrazarme y comencé a llorar. Me prendí de ella como un recién nacido. Ella sólo acarició mi cabeza y me abrazó. Luego entramos en la casa como si nada hubiese sucedido'.

"'Si ella pudo mantener su compromiso conmigo durante mis peores épocas, durante los momentos más difíciles de nuestra vida, lo menos que puedo yo hacer ahora es reconfortarla y hacerle recordar las buenas épocas que tuvimos. Siempre que comíamos arroz con leche nos reíamos el uno con el otro, y es una de las pocas cosas que todavía recuerda'".

Helen ya no dijo más. De pronto, Sheila empujó su silla hacia atrás.

—Mi descanso terminó —exclamó, enjugándose las lágrimas que rodaban por sus mejilla—. Y conozco a una anciana que necesita otra cena —le sonrió a Helen—. Si se los pido de buen modo, te aseguro que en la cocina también le pueden preparar un plato de arroz con leche.

Roxanne Willems Snopek

Una muestra de su amor

Nunca se me ocurrió que nuestros boletos de avión fueran redondo para mí y sencillo para Don. Íbamos de camino a Houston para una cirugía abierta de corazón, la tercera operación de Don. Pero por lo demás, era sano y robusto y sólo tenía sesenta y un años. Su médico confiaba en que saldría bien de esta reposición de válvula. Otros habían sobrevivido dos o más intervenciones. Don también lo haría.

Llegó el día de la operación, uno muy largo. Después de seis horas de intervención, el doctor salió para decirme que no podían retirar a Don del respirador y el aparato de bombeo, ya que su corazón no volvería a funcionar, aunque se le había colocado un refuerzo para el ventrículo izquierdo. Después de dos días de habérsele implantado este aparato, hubo que retirárselo. Permaneció en estado de coma durante cinco días aunque se le proporcionó todo el apoyo posible para vivir. La mañana en que los doctores movieron la cabeza y manifestaron que parecía que estábamos perdiendo la batalla, entré a la hora habitual, le tomé la mano y le dije lo mucho que lo amaba, que sabía que estaba luchando por recuperarse, pero que yo necesitaba liberarlo para que hiciera lo que tuviera que hacer. "Siempre te amaré", manifesté, "quiero que sepas que si te tienes que ir, yo estaré bien". Esa noche murió.

De regreso en casa, en Denver, mi cariñoso hermano me acompañó. Mis hijos fueron al funeral y me ofrecieron un maravilloso apoyo de amor. Aún así, me sentía totalmente perdida. A Don lo había encontrado de nuevo después de treinta años de habernos separado en la universidad, años en los que cada uno llevó su propia vida, yo en Houston, él en Denver. Yo estaba divorciada, y al toparme con una carta y fotografía de este novio de la universidad, me sentí impulsada a escribirle. Un "saludo después de treinta años". Encontré su nombre en el directorio telefónico de Denver, envié la carta y contuve la respiración. Él contestó y me comentó que su esposa había muerto hacía sólo dos meses. Mantuvimos correspondencia y finalmente decidimos volvernos a ver. Qué reunión. Volvimos a sentir el mismo amor sencillo y agradable que conocimos tantos años atrás. Nos casamos en abril, a los dos años de habernos reencontrado. Yo me mudé a Denver y gozamos de seis dulces y maravillosos años juntos. Habíamos planeado muchos, muchos más.

El día anterior al funeral, yo estaba sentada en mi patio trasero, sintiendo que mi vida también había terminado. Ante todo quería estar segura de que Don estaba bien ahora, en paz, sin dolor, y que su espíritu siempre estaría a mi alcance. "Muéstramelo", supliqué, "dame una señal, por favor".

Aquel verano Don había sembrado un rosal para mí, que se suponía daría rosas amarillas. Siempre me llamó su "rosa amarilla de Texas". Hasta ahora la planta nos había decepcionado ya que no había producido ni un solo botón en tres meses. En eso, mi mirada se detuvo en el rosal. Sorprendida, sin poder creer lo que veía, me levanté para observarlo mejor. De una de las ramas surgían varios botones perfectos, abriéndose. Eran seis botones amarillos perfectos, uno por cada año de nuestra unión. Las lágrimas brotaron de mis ojos al susurrar un "gracias". Un botón de rosa amarillo perfecto descansó entre las manos de Don al siguiente día en su funeral.

Patricia Forbes

La espera

Otro día que pasaba. Otro día de no hacer nada. Yo estaba sentada mirando la televisión empotrada en la pared del pequeño cuarto oscuro. Un agradable papel tapiz y cortinas permanecían ocultos en las sombras. La ventana solitaria, frente a un muro de ladrillos, era triste a la luz del día y no ofrecía nada por la noche. Ya no se diferenciaban los olores a medicina y a desinfectante. ¿Cuándo había dejado de percibirlos?

Se habían terminado las horas de visita una noche más. ¿Cuántas noches más? ¿Cuánto tiempo más tendría yo que ver a mi Jerry, mi esposo, mi mejor amigo, combatir la despiadada enfermedad que nos estaba destruyendo? ¿Cómo pudo alguien tan sano y lleno de vida haber caído víctima de este monstruo de enfermedad? Linfoma. La mayoría de nuestra familia y amigos ni siquiera habían oído hablar de ella.

Al escuchar su patrón respiratorio de jadeos superficiales, me acomodé abstraída el cabello con los dedos y me pregunté incrédula cómo pudimos terminar así. Hace unos veinticuatro años, el día de nuestra boda, prometí a Dios que sólo me separaría de Jerry cuando alguno de los dos muriera. La joven de dieciocho años que jugaba a la novia vestida de blanco pensó que la muerte sólo le sucedía a quienes permitían que se les presentara. Pero ahora, dos décadas más tarde, la acongojada mujer de cuarenta y dos años en que me había transformado oraba para que Dios liberara pronto de su sufrimiento a su agotado marido.

Acomodé el sofá-cama en el que había dormido todas las noches durante el último mes. En el cuarto anterior a éste por lo menos había un sillón reclinable. Pero ahora Jerry se estaba muriendo, se hallaba en la unidad de cuidados intensivos, cuya área de espera, obviamente diseñada para desanimar a quien se encuentra ahí, tenía sólo sillas con brazos de madera, y era imposible acomodar tres sillas para dormir. ¿No comprenden que tenemos que esperar quienes estamos en vela junto a nuestros seres amados durante sus últimos días, sus últimas horas?

Al escuchar desvanecerse el tap tap de unos tacones altos hasta suaves ecos lejanos, abrí la puerta al corredor sólo para convencerme de que todavía había un mundo ahí afuera. Las otras veces en el hospital habían sido diferentes, todavía habíamos tenido esperanza de otra operación, incluso de una cura. Las otras veces pudimos hablar, reír y darnos ánimo el uno al otro, pero ahora ya había pasado más de un mes desde que Jerry me hablara por última vez, o que me siguiera por la habitación con la vista. Ya ni siquiera podía saber si me escuchaba o comprendía mis susurros. No obstante, yo le seguía hablando, con voz temblorosa de amor, con añoranza, con dolor, esperando que, quizá, desde donde estuviera, me pudiera escuchar:

"Cariño, tú sigues siendo la persona más importante en el mundo para mí".

"No te dejaré, te lo prometo".

"Si no me ves, estoy en alguna silla o en el corredor o en el cuarto de baño. De inmediato estaré de regreso contigo".

"No tienes que seguir luchando por mí. Sé que estás cansado. Yo estaré bien y tú estarás bien".

"No te voy a dejar, te lo prometo".

Pero a cambio, todo lo que recibía de esos ojos oscuros que solían chispear cuando me veían, era una mirada vacía.

La espera. La espera había terminado para la familia al otro lado del corredor. Una víctima de ataque de apoplejía, de setenta y ocho años, había estado tendida en su cama una semana sin moverse y en silencio. Su familia se aseguró de que no se tomaran medidas heroicas para traumatizar más su tránsito. Y precisamente esa noche sucedió, una buena madre que vivió una larga y satisfactoria vida se escabulló tranquila. Sin embargo, sus hijos, yernos, nueras, nietos, lo que menos hicieron fue guardar silencio. Sus sollozos obligaron a las enfermeras a correr a cerrar las puertas de los cuartos de los demás pacientes para que no escucharan los llantos de dolor. "¡Oh, no!" "¡Está muerta!" "¡Dios mío, no!" "¡Ve por John!" "¡Ve por Frank!" "¡Abuela, regresa!" ¿Cómo podían tener tan poca consideración hacia todos aquellos que todavía estábamos a la expectativa? La espera.

Tratando de escapar a su histeria, subí el volumen de la televisión tanto como pude, y llamé a mi mejor amiga.

"Betty, platícame algo, dime qué hiciste hoy. Habla y no te detengas sino hasta que yo te diga". Betty siempre ha sido mejor amiga de lo que merezco. Sin preguntar, comenzó y siguió hasta que su tranquila voz disminuyó el latido en mi pecho.

Todavía a la espera, traté de pensar, de hacer planes. ¿Y si no pudiera controlarme en ese momento inevitable? Necesitaría el apoyo de nuestras enfermeras. "Por favor ayúdenme si están aquí cuando suceda. Creo que voy a estar bien, pero si no es así, enciérrenme en el cuarto de baño o tápenme la boca con una toalla. Si pierdo la dignidad, por favor no me permitan molestar a otros".

Intranquila, e intentando vencer la constante preocupación por nuestros hijos y su dolor, busqué un escape temporal. Una caminata al despachador automático me llevaría a una ventana al sur. Una ventana de verdad que me permitiría echar un vistazo a las luces en la calle, al tráfico, a la gente, a un centro comercial a la distancia, la vida normal que solíamos vivir. Le susurré a Jerry que iba por un refresco.

Al mirar hacia la noche en el exterior, sentí dolor por mis niñas. Mi madre, que debería estar disfrutando de viajes en autobús con otras personas de edad avanzada, estaba al cuidado de nuestro hogar. Carol, de veintidós años, se había salido de la universidad y estaba tomando sus propias decisiones, algunas de ellas me preocupaban. Mary, en quinto grado, era de verdad la niña de papá en afecto e intereses, y añoraba la atención que él siempre le había prestado. Yo la descuidé durante gran parte del tiempo de la enfermedad de Jerry, pero sobre todo, en estos últimos seis terribles meses. Nuestra alegre traviesa estaba teniendo un problema en la escuela, mientras yo estaba aquí, a la espera, y ella allá. Sólo tenía diez años. La tendría por un buen tiempo. Seguro tendría tiempo para recompensarla, seguro.

Suspiré, me retiré de la ventana y vi a una mujer joven, corta de estatura y cabello color arena, sonriendo. En los brazos traía una bolsa grande, un bolso de mano y una bolsa de papel de la tienda de alimentos. Era obvio que había pasado el día con un paciente.

Presionó el botón del elevador, se giró y quedamos cara a cara.

—Bueno, me voy a casa —dijo.

En ese momento todo me cayó encima. Me sentí abatida por la autocompasión. Sentí que no me era posible soportar tanto. Me sentí impotente, enojada y exhausta.

—No he estado en casa ya hace más de seis semanas —afirmé con voz tirante.

Caminó hacia adelante, bajó sus bolsas e inclinó la cabeza.

—¿Qué le sucede?

—Mi esposo se está muriendo.

De pronto, sentí que sus brazos me rodearon, que me abrazó como si fuera yo una niña atemorizada, como diciéndome: "No te detengas". Y me solté llorando.

Nos quedamos así un momento, yo llorando suavemente en su hombro, ella meciéndome como si me hubiese conocido de toda la vida. Escuché que se abrieron las puertas del elevador y me retiré.

—Llegó su elevador —le indiqué.

—No importa —profirió moviendo la cabeza—. ¿Hay *algo* que pueda hacer por usted? ¿Hay *algo* que necesite?

—No —insistí— por favor, siga adelante —y la invité a proseguir su camino, yo regresé a la habitación de Jerry, a esperar.

Dos días después, Jerry murió.

Esté donde esté, mi querida desconocida sin rostro, sin nombre, quiero darle las gracias. ¿Cómo pude haberle dicho que no necesitaba nada? El abrazo que usted me dio fue exactamente lo que necesitaba. Fue un abrazo que deseaba poder recibir de Jerry. Fue un abrazo que decía "no estás sola". Fue un abrazo que, justo cuando pensé que no me quedaban más fuerzas para seguir adelante, me dio nueva fortaleza para esos dos últimos días. Ante todo, fue un abrazo que me hizo recordar que aunque mi Jerry se fuera seguiría habiendo amor en el mundo y que de algún modo me encontraría cuando lo necesitara. Todo lo que tendría yo que hacer sería esperar.

Ann W. Compton

Amor después del divorcio

*Cuando uno busca lo bueno de los demás,
descubre lo mejor de sí mismo.*

Martin Walsh

Él estaba extendido dentro del féretro adornado en los costados con pequeñas siluetas de gaviotas de metal. Flores en una infinidad de colores cubrían el ataúd y los muros alrededor. Había estandartes en los que se leía "descanse en paz" y "nuestras condolencias" desplegados al otro lado de los pedestales con flores. A la profunda sensación de dolor sosegado se añadían los contrastantes aromas de las flores en un cálido salón lleno de personas. Este reconocimiento a la muerte creaba un cuadro surrealista.

Al momento de iniciarse el servicio, la melancólica música del órgano disminuyó. Algunos parientes subieron al podio para rendir homenaje, hablar con elocuencia y narrar anécdotas de tiempos pasados. Los comentarios del clérigo provocaron lágrimas y risas. Luego, el ministro preguntó si entre los presentes había alguien que deseara hacer algún comentario adicional.

Cuando me levanté y me identifiqué como "Bonnie, la ex esposa del finado", escuché las "ráfagas" de aire al girarse toda la concurrencia para verme de pie en la parte posterior del salón. Nadie se quedó más sorprendido que yo misma de haberme levantado para hablar. Aunque mis sentidos estaban aturdidos por el dolor, pude sentir la palpable tensión creada por la preocupación de los dolientes por lo que yo pudiera decir o hacer, ya que todos conocían historias de ex esposas amargadas y enojadas que habían proferido comentarios mordaces en situaciones similares.

Durante nuestro matrimonio, Greg y yo nos hicimos amigos íntimos y compartimos muchas experiencias valiosas. Las razones y recuerdos relacionados con el divorcio habían perdido importancia al hacerse nuestra amistad todavía más profunda después de la separación.

En épocas recientes yo había atravesado por una dolorosa crisis emocional en particular, y Greg y su novia me mostraron un apoyo leal. Como todavía poseíamos propiedades juntos, los tres trabajábamos y jugábamos en cooperación mutua, respeto y afecto.

El ministro ya había hablado a los amigos y familiares ahí reunidos sobre los primeros años de Greg como adulto joven y sus aventuras. Luego, en cosa de diez segundos, mencionó deprisa nuestro matrimonio de dieciséis años y por último narró otros recuerdos memorables. Sencillamente yo no podía dejar pasar esta oportunidad para rendir honores a la riqueza y trayectoria de nuestra vida en común.

Con el rostro mojado por las lágrimas y con sollozos entrecortados, hablé en forma concisa pero con amor y afecto de nuestra historia y sociedad. Hice bromas sobre nuestro amado Greg y cómo le gustaba enredar "inocentemente" las cosas entre su novia y yo. Les aseguré que nunca logró ir muy lejos porque ambas conocíamos muy bien su picardía.

Cuando comenzaron a escuchar mis cordiales comentarios, las miradas se empezaron a suavizar y en las comisuras de los labios apretados se formaron sonrisas amables. Pude ver y sentir su ternura y aceptación, y me sentí reconfortada por el renovado afecto que me mostraron quienes empezaron a reconocerme después de tantos años.

Después del servicio, muchos miembros de la familia de Greg y viejos amigos vinieron a abrazarme y a mostrarme su agrado por mi exposición de recuerdos. Durante algunos segundos, todos retrocedimos a nuestros años de juventud y recordamos nuestras relaciones tan llenas de esperanzas e ilusiones. Era una ceremonia digna de un hombre con demasiada juventud y vida como para morir tan pronto.

Un amor genuino no tiene por qué sufrir una fatalidad ante el divorcio. Estuvo bien que cada uno siguiera un camino separado del otro. Pero después del tiempo de separación requerido, pudimos reencontrarnos con un cariño que nos fue más útil que el matrimonio. Me reconforta nuestra disposición y habilidad para trascender la separación y crear algo mejor. Mi homenaje público a Greg en su funeral fue la afirmación de una verdad en la que creo profundamente: aunque la forma de una relación cambie, no tiene por qué morir el amor.

Bonnie Furman

El baile

Uno no elige cómo o cuándo va a morir. Uno sólo puede decidir cómo va a vivir. Ahora.

Joan Baez

A Dar y a mí nos encantaba bailar. Tal vez fue lo primero que hicimos juntos, mucho antes de que compartiéramos la vida. Crecimos en una pequeña comunidad montañesa de Oregon donde casi cada sábado por la noche tenía lugar algún baile, a veces en el Grange Hall, en ocasiones en casa de Nelson Nye. A Nelson y su familia les gustaba tanto la música y el baile, que añadieron un salón especial a su casa, lo bastante grande como para acomodar por lo menos tres grupos de contradanza. Una vez al mes o más, invitaban a la comunidad entera a bailar. Nelson tocaba el violín y su hija Hope tocaba el piano mientras los demás bailábamos.

En aquellos días, iban las familias completas, los abuelos, granjeros y madereros, los maestros y el dueño de la tienda. Bailábamos al ritmo de viejas canciones, pero también de música contemporánea.

Los niños más pequeños siempre tenían a la mano un lugar para dormir, entre los abrigos, para cuando se cansaban. Era un asunto familiar, uno de los pocos entretenimientos en un pequeño poblado montañés que poco a poco salía de la gran depresión.

Dar tenía diecisiete años y yo doce cuando bailamos por primera vez. Él era uno de los mejores bailarines, al igual que yo. Siempre bailábamos con movimientos en verdad convulsivos, ni pensar en bailes lentos, ni nada remotamente romántico. Nuestros padres se paraban junto a la pared y miraban. No eran amigos. No se hablaban, ni siquiera en una conversación casual. Ambos matrimonios, buenos bailarines también, estaban orgullosos de sus muchachos. De cuando en cuando, el papá de Dar sonreía, movía la cabeza y decía, a nadie en particular, pero de tal modo que mi padre lo pudiera escuchar: "Vaya, sí que sabe bailar mi muchacho".

Mi papá jamás se daba por aludido; actuaba como si no hubiese escuchado nada. Pero poco después diría, a nadie en particular: "Mi muchacha sí que sabe bailar". Y siendo de la vieja escuela, jamás nos expresaron que nos consideraran tan buenos o que hubiéramos provocado esa jactanciosa rivalidad junto a la pared.

Dejamos de bailar juntos cinco años, cuando Dar partió al Pacífico Sur en la Segunda Guerra Mundial. Durante esos cinco años, yo crecí. Cuando nos volvimos a encontrar, Dar tenía veintidós años y yo casi dieciocho. Comenzamos a salir juntos y volvimos a bailar.

Ahora bailábamos para nosotros mismos, coordinábamos nuestros movimientos, nuestros giros, nuestros ritmos, nos adaptábamos el uno al otro, había ilusión y placer. Éramos tan buenos juntos como lo recordábamos, pero esta vez añadimos bailes lentos a nuestro repertorio.

En nosotros aplica la metáfora de "la vida es un baile", un movimiento de ritmos, direcciones, tropiezos, pasos en falso, a veces lento y preciso, o rápido, salvaje y alegre. Hacíamos todos los pasos.

Dos noches antes de que Dar muriera, la familia estuvo con nosotros durante varios días, dos hijos, sus esposas y cuatro de nuestros ocho nietos. Cenamos juntos y Dar se sentó con nosotros. Durante varias semanas no había estado en condiciones de comer, pero esa noche disfrutó todo, contó chistes, hizo bromas a los niños sobre su juego de naipes y jugó con Jacob, de dos años.

Después, mientras las hijas limpiaban la cocina, yo puse una cinta de Nat King Cole, *Unforgettable.* Dar me tomó entre sus brazos, débil como estaba, y bailamos.

Nos apretamos el uno contra el otro, bailamos y sonreímos, las lágrimas no eran para nosotros. Estábamos haciendo lo que nos había gustado durante más de cincuenta años, y si el destino así lo hubiese ordenado, habríamos continuado cincuenta más. Fue nuestro último baile, por siempre inolvidable. No me lo hubiera perdido por nada del mundo.

Thelda Bevens

La última petición de Sarah

Puedo tener todo el conocimiento y comprender todos los secretos; puedo tener toda la fe que se necesita para mover montañas, pero si no tengo amor, no soy nada.

1 Corintios 13:2

La muerte yacía imperturbable sobre Sarah. Su médico, uno de los pocos que todavía hacía visitas domiciliarias, acababa de salir de su habitación cuando dio a su esposo Frank la noticia inevitable:

—Sarah tiene sólo unas cuantas horas de vida. Si sus hijos desean verla una última vez, tienen que venir lo más rápido posible. Frank, se lo voy a repetir, estamos hablando de sólo unas horas. Lo siento. Llámeme si me necesita.

Con estas palabras ardiendo en su mente, Frank extendió sin fuerza la mano al médico.

—Gracias, doc, lo llamaré.

"Unas cuantas horas", resonaba en la mente de Frank mientras observaba al amable médico alejarse. La noche se aproximaba con rapidez cuando Frank se retiró deprisa, a solas, al patio trasero. Ahí, con los hombros encorvados y la cabeza inclinada, lloró desde lo más profundo de su destrozado corazón. ¿Cómo vivir sin Sarah? ¿Cómo podría salir adelante sin su compañía? Ella había sido una esposa y madre espléndida. Fue Sarah quien llevó a los hijos a la iglesia. Fue Sarah quien mostró ser la roca en épocas de crisis. Fue Sarah quien alivió los golpes, raspones, tobillos luxados y corazones rotos de los hijos. Sus besos maternos curaron muchas enfermedades infantiles. Fue Sarah quien hizo de él un mejor hombre. Cuando logró controlar sus lágrimas, regresó a la casa y le pidió a su hija reunir a los otros hermanos que vivían a sólo una corta distancia. Al poco tiempo llegaron todos, tres hijas y dos hijos.

—Aquí están, Sarah —manifestó Frank—. Todos están aquí.

La respiración de Sarah se escuchaba más forzada. El cáncer había reducido a la saludable y amorosa mujer a un puro esqueleto, pero su espíritu de lucha seguía presente.

—Frank, quiero pasar unos minutos a solas con cada uno de mis hijos —declaró Sarah débilmente. Frank actuó con rapidez y respondió:

—Ahora los traigo, Sarah.

Frank reunió a los hijos, todos entre los veinte y treinta años, en el corredor afuera del dormitorio de Sarah. Cada uno entró y cerró la puerta para pasar un momento a solas con su madre. Sarah le habló a cada uno con amor y le expresó lo especial que había sido para ella como hijo o hija. Cada hijo, cada hija, tuvo unos preciosos minutos con esa amorosa madre mientras la vida la abandonaba con rapidez.

Cuando Sarah terminó su plática con el último de los hijos, llegó el ministro. Frank lo saludó en la puerta y lo pasó al lado de Sarah. Sarah y el pastor hablaron algunos minutos sobre la familia, el cielo, la fe y la ausencia de temor. Estaba preparada para irse al cielo, pero odiaba dejar a su familia, en especial a Frank. En ese momento, Sarah, Frank, el ministro y los hijos se tomaron de las manos y oraron. Frank acompañó al pastor a la puerta y le explicó:

—Falta poco, predicador. El médico dijo que es sólo cuestión de horas, horas cortas, sospecho.

Cuando el ministro se retiró, Sarah susurró a sus hijos en la habitación:

—Vayan por papá, he hablado con todos ustedes pero no con él.

En un instante, los hijos abandonaron la habitación y Frank regresó. Cuando estuvieron solos, Sarah expresó lentamente, con seguridad y sinceridad, su última petición a su amado esposo.

—Frank, tú has sido un buen esposo y padre. No te has separado de mí durante estos últimos meses de sufrimiento y por eso te amo todavía más. No obstante, hay una cosa que me preocupa enormemente. Nunca has ido a la iglesia con nuestros hijos y conmigo. Yo sé que eres un hombre bueno. A cada uno de los hijos le he pedido que se reúna conmigo en el cielo porque quiero que nosotros nos volvamos a reunir como una familia. Tú eres ahora el único por el que estoy preocupada. Frank, no me puedo morir sin saber que has hecho las paces con Dios —enormes lágrimas de amor y compasión corrieron por las mejillas de Sarah.

Frank era un hombre que se había hecho solo y operaba su propio pequeño negocio. Era una persona responsable que trabajaba mucho, y había adquirido sus magras posesiones con el sudor de su frente. Con cinco hijos por mantener y educar, él y Sarah no habían acumulado muchos bienes terrenales. Asimismo, Frank no se dejaba llevar por las emociones y en ocasiones sentía que los servicios religiosos eran un tanto emotivos para él. En realidad, nunca le había dedicado mucho tiempo a Dios.

—Frank —continuó Sarah—, por favor dime que estarás conmigo y nuestros hijos en el cielo. Por favor Frank, haz las paces con Dios.

El corazón de Frank se fundió con las tiernas palabras de Sarah, y mientras el enorme hombre con manos ásperas se inclinaba lentamente junto a la cama, lágrimas brotaron de sus ojos. Frank se estiró, tomó la frágil mano de Sarah y articuló una oración de perdón y amor que conmovió el corazón de Dios.

Frank se levantó, se sentó al borde de la cama, con delicadeza tomó el frágil y pequeño cuerpo de su preciosa esposa y la abrazó una vez más. Ambos lloraron juntos, y desde lo más profundo de su ser, Frank exclamó:

—Ahí estaré, Sarah. Te encontraré en el cielo, volveremos a ser una familia. No te preocupes, ahí estaré, Sarah. Te lo prometo. Te lo prometo.

—Ahora puedo morir en paz —le susurró Sarah. Con delicadeza la recostó de nuevo en la cama y llamó a los hijos al cuarto. Frank se fue solo al patio trasero, a su lugar favorito para llorar, y purgó una vez más su alma con lágrimas. Después de eso, regresó a la habitación de Sarah para estar con los hijos en vela.

La respiración de Sarah fue desvaneciéndose, y al acercarse su muerte, Frank le susurró al oído:

—Te amo, Sarah, y ahí estaré.

Los ángeles de la misericordia llegaron y se la llevaron, y al pasar Sarah de la tierra al cielo, sonrió.

La muerte cayó imperturbable sobre Sarah, pero ella estaba en paz porque el hombre a quien había amado durante tantos años le había prometido: "Ahí estaré, Sarah. Ahí estaré".

Ray L. Lundy

Un beso más de Rose

De lo único que jamás recibiremos suficiente es amor. Y lo único que nunca daremos suficiente es amor.

Henry Miller

El señor Kenney regresaba con regularidad a nuestra unidad del hospital. Era ejecutivo retirado, viudo y el cáncer le había cobrado su cuota durante los últimos tres años. El cáncer se le había diseminado del colon a todos los demás órganos vitales. Quizá fuera esta su última admisión, y creo que él lo sabía.

Se sabe que algunos pacientes se vuelven "problema" por cambios de conducta que suelen acompañar a los enfermos graves. Cuando las personas sufren, no toman conciencia de lo que dicen o hacen a otras personas, y con frecuencia atacan con furia a la primera persona que entra a su habitación.

Considerando las circunstancias, cualquier enfermera está consciente de esta situación. Las enfermeras con más experiencia han aprendido a manejar estos casos. Claro que es aquí donde yo entro, la "nueva niña en la cuadra", por decirlo así. Las otras enfermeras ya llevaban días hablando del señor Kenney en el informe, y había reuniones especiales del personal para decidir cómo manejar su conducta violenta. Todas trataban de quedarse lo menos posible en su habitación. A veces, incluso lanzaba objetos a las enfermeras y a otros miembros del personal si suponía que lo estaban viendo de mal modo.

Una noche el personal de turno estaba en exceso ocupado porque había más admisiones de emergencia de lo que nos correspondía en la de por sí ya saturada unidad de cirugía médica. El señor Kenney eligió esa misma noche para rechazar su medicina y arrojar todo objeto de buen tamaño que estuviera a su alcance, al mismo tiempo que maldecía al máximo de sus pulmones. Yo apenas si podía creer que un hombre en su etapa terminal, de ochenta y un años, pudiera alcanzar tal volumen y causar tanto daño.

Mientras entraba en su habitación con cautela, empecé a hablar.

—¿Qué puedo hacer por usted, señor Kenney? ¿Qué problema tiene? Hay tal alboroto aquí dentro que hasta las visitas están aterradas. No sé qué pensar de esto. Los otros pacientes tratan de dormir.

Molesto, el señor Kenney dejó su siguiente proyectil (que parecía estar dirigido a mí) y me pidió que me sentara un minuto en la silla junto a su cama. Aunque sabía que de verdad no tenía tiempo, de cualquier modo respondí:

—Está bien.

Al sentarme en el borde de la silla, el señor Kenney se dio a compartir algo de su vida conmigo. Empezó por decir:

—Nadie comprende lo duro que es el tiempo que ha pasado desde que me sentí bien por última vez. Ha pasado tanto tiempo desde... desde... que alguien se ha dado tiempo para en verdad mirarme, escucharme... e interesarse por mí.

Siguió un largo silencio y me pregunté si no sería éste el mejor momento para alejarme cortésmente, pero no tuve el valor. Algo me dijo que me quedara con este hombre.

Después de lo que me pareció una hora, finalmente prosiguió:

—Ha pasado tanto tiempo desde que tuve a mi Rose conmigo; mi adorada y dulce Rose. Siempre nos dábamos un beso de buenas noches y eso mejoraba todo. No importaba qué hubiera sucedido durante el día, el beso de Rose siempre hacía todo mejor. Oh, Dios, daría cualquier cosa por un beso más de Rose.

Entonces el señor Kenney comenzó a llorar.

Se prendió de mi mano y manifestó:

—Sé que usted debe estar pensando que estoy loco, pero sé que mi vida está por terminar. Me anima la esperanza de estar con mi Rose de nuevo. Mi vida es un infierno así. En verdad aprecio el que se haya dado tiempo para escucharme de verdad. Sé que usted está terriblemente ocupada. Sé que le importa.

—No se preocupe. Mientras preparo su medicina para administrársela, ¿hay algo más que pueda hacer por usted?

—Por favor, llámeme Joseph —sugirió, al tiempo que se giraba sin poner obstáculos. Le administré sus inyecciones, y pensó un momento antes de responder a mi pregunta. Ya casi había terminado, cuando finalmente declaró:

—Hay un último favor que podría hacer por mí.

—¿De qué se trata, Joseph? —pregunté.

Entonces se inclinó a un costado de la cama y habló en voz baja:

—¿Podría darme un beso de buenas noches? Los besos de Rose siempre hicieron que todo estuviera mejor. ¿Podría tan sólo darme un beso de buenas noches? ¿Por favor? Oh, Dios, daría cualquier cosa por un beso más de Rose.

Y así lo hice, me le acerqué y le planté un gran beso en la mejilla. Consideré correcto besar a un moribundo en lugar de su "Rose".

Durante el informe al día siguiente, las enfermeras dijeron que el señor Kenney se había ido en paz durante la noche. Es maravilloso saber lo fuerte que puede ser el amor verdadero, para ser inseparable incluso después de la muerte. Me sentí tan honrada de que el señor Kenney me pidiera darle un beso más de Rose.

Laura Lagana

La vida sin Michael

*El recuerdo es la dádiva de Dios que la muerte
no puede destruir.*

Kahlil Gibran

Yo aprendí mucho de Michael Landon. Hoy considero
que mi fuerza me viene de él. Semanas antes de que muriera, me anotó su mensaje de despedida en un libro con
deseos del día de las madres. Para mí es algo muy especial y lo leo con regularidad. Ahí está escrito: "Sé fuerte.
Sé firme. Vive la vida, ámala y sé feliz". Michael me dijo
un día: "No lleves luto mucho tiempo". Trato de hacerlo,
pero perder a alguien como Michael es algo que se queda
con uno por siempre.

Cuando uno pierde a alguien que ama, lucha con eso
todos los días. Al principio, a nuestro hijo de cinco años,
Sean, le fue difícil hablar de su padre. No hace mucho
empezó a ver a Michael de nuevo en la televisión y a admitir lo mucho que lo extraña. Todavía esta mañana me
dijo que extrañaba a su papá tanto que le dolía el estómago. Jennifer tiene ocho años y también para ella ha sido
difícil. Los tres estamos en terapia; tan sólo tomamos la
vida como llega día con día.

Los niños y yo visitamos el cementerio con regularidad.
Le llevamos cartas a Michael, por lo general sólo para decirle lo que sentimos y lo que sucede en nuestras vidas. Pero la
verdad es que ahí no me siento tan cerca de él como en
casa, donde por todas las habitaciones se ven fotografías

de él; su ropa todavía está en su clóset, tal y como la dejó. Aquí es donde más le gustaba estar a Michael. En todo momento espero verlo entrar por la puerta. A veces, especialmente cuando me voy a la cama por la noche, desearía que estuviera esperándome arriba y nos pudiésemos sentar a platicar los sucesos del día.

Conocí a Michael cuando yo tenía diecinueve años y participé como doble en la serie *La casita de la pradera.* Al ver la manera como trataba a todos, me enamoré terriblemente de él. Una noche, dos años después de que me uní al espectáculo, vino a mi departamento después de una fiesta en el estudio. Desde ese momento en adelante nos enamoramos perdidamente el uno del otro.

Michael y yo nos casamos el día de San Valentín de 1983. Como esposo, fue el mejor, fuerte, atento, un buen apoyo, ocurrente y, como compañía, muy divertido. Michael era asimismo una persona hogareña. Todos los días, antes de dejar el estudio, llamaba y preguntaba qué necesitábamos del mercado. Aparecía con una bolsa de delicias en sus brazos. A Michael le encantaba cocinar, y muchas noches se apropiaba de la cocina. Su especialidad eran los platillos italianos, como el espagueti con salchichas y pollo a la cazador.

Fue tan buen padre como buen esposo. Me gustaba verlo con los niños, sobre todo en vacaciones. En Hawai les enseñó a lanzar piedras sobre la superficie del agua y se entusiasmaba tanto como los niños cuando descubrían una concha hermosa o un minúsculo cangrejo ermitaño. Pasaba horas, literalmente horas, jugando en el océano con Sean y Jennifer. Todo estaba perfecto. Michael amaba su vida y su trabajo. Siempre había sido increíblemente saludable. Nuestra ilusión era envejecer juntos.

Pero en febrero de 1991 comenzó a padecer dolores abdominales. Siempre fue difícil lograr que Michael fuera a ver al médico. Por fin hice una cita y se le examinó por si había úlcera. Aunque no se le encontró nada, le dieron medicina que le ayudó algún tiempo.

En abril reapareció el dolor. A los cuatro días, el 5 de abril, nos dieron los resultados de la biopsia: cáncer pancreático diseminado hasta el hígado.

Al mirar atrás, me doy cuenta de que Michael supo incluso entonces que no saldría adelante. El cáncer pancreático es rápido y letal, con un índice de sobrevivencia de cinco años de sólo el 3 por ciento. Yo estaba enojada, impactada. ¿Por qué sucedía esto? Michael fue más pragmático, como lo era con todo en su vida. Desde el momento del diagnóstico hasta que murió, nunca se enojó. Una vez me dijo: "No es Dios quien lo hace, es la enfermedad. Dios no te provoca el cáncer". Para Michael la muerte no era algo que temiera, aunque no quería morir. No quería dejar a sus seres queridos.

Desde el principio hablamos con los hijos. Michael y yo llamamos a sus hijos mayores para informarles lo que sucedía, y luego nos sentamos con nuestros dos pequeños. Les dijimos que papi tenía un tipo de cáncer muy serio y que iba a hacer todo lo que estuviera en sus manos para combatirlo, pero que no había ninguna garantía. Sean se mostró calmado. No estoy segura de que comprendiera. Jennifer también pareció tomarlo bien, pero más tarde hubo indicios de que en su interior sufría, hubo dolor de estómago, dolor de cabeza y ataques de angustia.

Estos primeros momentos fueron antes de la tormenta, del huracán de medios de comunicación que nos rodeó tan pronto la noticia de la enfermedad de Michael llegó a la prensa. Los fotógrafos se plantaron en el exterior de nuestro hogar y del hospital. Se trepaban sobre nuestras bardas y espiaban por nuestras ventanas. Los diarios sensacionalistas publicaban historias grotescas. Casi cada semana publicaban una nueva elucubración. Una vez dijeron que Michael tenía sólo cuatro semanas de vida, en otra ocasión aseguraron que el cáncer se había extendido al colon. Nada de eso era cierto. Al mismo tiempo, el público respondía con compasión y amor. Recibimos un río de cartas, doce mil a la semana. Michael estaba profundamente emocionado y me confesó: "Esta es la primera vez que comprendo que he conmovido muchas vidas".

En menos de un mes, el cáncer duplicó su tamaño. Creo que fue la primera vez que ambos comprendimos que tal vez Michael fuera a morir. Esa tarde nos prendimos el uno al otro. Yo apoyé mi cabeza sobre su regazo y lloré, él me acarició el cabello y susurró: "Lo sé, lo sé".

Aunque al principio se resistió, Michael finalmente aceptó probar una quimioterapia experimental. Odiaba la idea, y no creo que lo habría hecho si no hubiese sido por sus hijos y por mí. Estaba haciendo un último esfuerzo por sobrevivir.

No obstante, la salud de Michael siguió deteriorándose y para el día del padre, el 16 de junio, nos fue obvio a todos que no lo tendríamos con nosotros mucho tiempo más. En los años anteriores habíamos comprado para Michael regalos como raquetas de tenis; este año hubo pijamas y bonitas tarjetas hechas en casa. La familia entera apareció para saludarlo.

Poco después del día del padre, Michael me dijo que sólo tenía una semana de vida. Durante esa última semana, la salud de Michael siguió declinando. Luego, el domingo del 30 de junio por la mañana, la enfermera me informó que pensaban que el fin estaba próximo, así que llamé a los niños y a los mejores amigos de Michael a casa. Como los médicos habían aumentado su dosis de morfina y Percocet, Michael estaba adormilado y a ratos perdía la conciencia. A lo largo del último día, cada uno de nosotros le expresó su adiós personal y le hizo saber que si se sentía listo para morir, estaba bien que se dejara ir.

A la siguiente mañana Michael mostró un estado como de ensueño, y cuando todos nos encontrábamos de nuevo en la recámara, de pronto se sentó en la cama y exclamó: "Hola, los amo a todos".

Luego, un poco más tarde, Michael pidió a los demás salir para que pudiéramos estar a solas. Mirando atrás, creo que estaba listo para morir, pero no quería que sucediera frente a toda la familia.

Me quedé con Michael a la espera de lo inevitable. Había momentos en que caía como en trance. En un momento dado le pregunté:

"¿Sabes quién soy?", me miró y respondió: "Claro". Añadí: "Te amo", respondió: "Yo también te amo". Esas fueron sus últimas palabras. Poco después, dejó de respirar.

Me sentí aturdida y me quedé con Michael un rato antes de bajar a informar a los demás que había fallecido. Sin embargo, hubo poco tiempo para contemplaciones. Como si de alguna manera lo hubieran sabido, escuchamos arriba el torbellino de helicópteros al presentarse la prensa. De pronto hubo gritos en el exterior. Jennifer se había trepado hasta arriba de los columpios y estaba gritando:

"¡No mi papi. No mi papi. No quiero que mi papi muera!".

Les pedí a todos que la dejaran sola para que pudiera expresar su dolor. Al rato descendió y vino a sollozar a mis brazos.

Un poco después llegaron de la funeraria. Cuando sacaron el cuerpo de Michael, comprendí que jamás regresaría, que era el fin de todo, que Michael se había ido.

Esa noche, mis dos hijos durmieron conmigo. Jennifer y yo usamos camisas de Michael para dormir. Yo sentía que no pertenecía a ningún lado, que no cabía en ninguna parte. Me sentí completamente perdida, sola.

Lo mejor que podía hacer era alejarme, así que me fui con los niños cuatro semanas a Hawai. Estuvimos en un lugar que nos encantaba a Michael y a mí. Fue duro, porque él no estaba ahí, pero todavía más difícil fue regresar a casa sabiendo que Michael no estaría esperándonos.

Ahora nos sentimos un poco mejor, pero se necesita tiempo. Los niños todavía duermen a veces conmigo, aunque no con la frecuencia que al principio. Parece que ellos sólo necesitan que los abrace más, pero yo sigo teniendo momentos muy difíciles. Hace algunos días conducía por la autopista cuando tomé una salida equivocada. Terminé en el estudio donde los niños y yo solíamos visitar a papá. Era una parte muy importante en nuestras vidas. Pero Michael se ha ido y nuestras vidas están cambiando.

Es extraño, pero antes de que Michael muriera, yo le temía a la muerte. Solía preocuparme por las enfermedades, incluso temía subirme a un avión. Ahora ya no tengo miedo. La vida es demasiado breve y uno nunca sabe, así que hay que sacar el mayor provecho de cada instante.

Cuando pienso en Michael, lo que más recuerdo es cómo saboreaba la vida y el ardor con que amaba a su familia. El nuestro fue un buen matrimonio. Michael siempre estuvo ahí cuando lo necesité, y yo siempre estuve ahí para él. Una vez me dijo, después del diagnóstico, que sin importar que le fuera bien o mal, él iba a poder con lo que fuera, y me aseguró:

"Mi vida ha sido increíble, he sido enormemente feliz".

Todos los días extraño a Michael, y sé que esté donde esté, es feliz, está bien y que algún día lo volveré a ver.

Cindy Landon con Kathryn Casey

Un último adiós

*A*nhelé acercarme a ti, te llamé con todo
mi corazón, y cuando salí a buscarte,
te encontré acercándote a mí.

Judah Halevi

El cuarto de hospital, en silencio y a media luz, con el
lento paso del día, me llegó a parecer de algún modo irreal,
como si estuviese presenciando una escena en una sala
de teatro a oscuras. Sin embargo, la escena era, con tristeza,
real: mi hermano, mi hermana y yo, cada uno perdido en
sus propios pensamientos, observábamos en silencio cómo
mamá, sentada al borde de la cama de papá y sosteniendo
su mano, le hablaba con ternura aunque él estaba perdido en la inconsciencia. Nuestro padre, después de años de
soportar con paciencia el dolor y agravio de una enfermedad terminal, se acercaba al final de esta lucha, y esa
mañana, temprano, había caído tranquilamente en coma.
Sabíamos que la hora de su muerte había llegado.

Mamá dejó de hablarle a papá y noté que miraba sus
anillos de bodas y sonreía con ternura. Yo sonreí también,
sabiendo que ella estaba pensando en el ritual que perduró
durante los cuarenta años de su matrimonio. Mamá, animo-
sa e inquieta, siempre terminaba con sus anillos de compromiso y boda volteados y en desorden. Papá, siempre en
calma y ordenado, solía tomar su mano para con delicadeza y cuidado enderezar los anillos hasta que volvían a estar en su lugar. Aunque muy sensible y amoroso, no le

salían con facilidad las palabras "te amo", así que, a lo largo de los años, expresó sus sentimientos en muchas pequeñeces como esa.

Después de una larga pausa, mamá se dirigió a nosotros y manifestó en voz queda:

—Sabía que su padre se iría pronto, pero se nos fue tan deprisa, que no tuve tiempo de despedirme y decirle por última vez que lo amo.

Incliné la cabeza y deseé poder orar para que se hiciera un milagro que les permitiera compartir su amor una última vez, pero mi corazón estaba tan agobiado que no me salieron las palabras.

Ahora sabíamos que todo lo que restaba por hacer era esperar. Al alargarse la noche, uno por uno empezó a cabecear y la habitación quedó en silencio. De pronto, algo nos espantó el sueño, mamá había empezado a llorar. Nos levantamos para reconfortarla en su pena, ya que temimos lo peor. Pero para nuestra sorpresa, nos dimos cuenta de que sus lágrimas eran de felicidad. Porque al seguir su mirada, vimos que ella todavía sostenía la mano de papá, pero que de algún modo, la otra mano de él se había movido un poco y descansaba suavemente sobre la de mamá.

Sonriendo a través de las lágrimas, nos explicó:

—Por un instante me miró —se detuvo y vio de nuevo su mano, y luego susurró con voz afectada por la emoción— y enderezó mis anillos.

Papá murió una hora más tarde. Pero Dios, en su infinita sabiduría, supo lo que había en nuestros corazones antes de que alguno se lo hubiera pedido. Nuestra oración recibió respuesta en una forma que sabremos agradecer por el resto de nuestras vidas.

Mamá recibió su despedida.

Karen Corkern Babb

A lo largo de los años
caminaré contigo,
en los verdes y profundos bosques,
en playas de arena,
y cuando nuestro tiempo
en la tierra termine,
en el cielo también
tendrás mi mano.

Robert Sexton

¿Más Sopa de pollo?

Muchos de los relatos y poemas que acaba de leer en este libro fueron presentados por lectores como usted que leyeron volúmenes anteriores de *Sopa de pollo para el alma*. Cada año planeamos publicar cinco o seis libros de *Sopa de pollo para el alma*. Queremos invitarlo a que también contribuya con un relato para alguno de estos futuros volúmenes.

Los relatos pueden contener hasta 1,200 palabras y deben ser edificantes o inspirativos. Puede enviar una obra original o algo que haya recortado del periódico de su localidad, de una revista, de un boletín de iglesia o de la revista de actualidades de una empresa. También podría ser esa cita de su preferencia que colocó en la puerta del refrigerador o una experiencia personal que lo haya conmovido profundamente.

Para obtener una copia de nuestra guía para propuestas, y una lista de futuras *Sopas de pollo*, por favor escriba, envíe por fax o visite una de nuestras páginas Web.

Chicken Soup for the *(especifique cuál edición)* **Soul**
P.O. Box 30880 • Santa Barbara, CA 93130
fax: 805-563-2945
página Web: *chickensoup.com*

También puede visitar la página de *Chicken Soup for the Soul* en America Online tecleando: chickensoup.

Sólo envíe un ejemplar de sus relatos y otras piezas, indicando para cuál edición serían, a alguna de las direcciones antes mencionadas.

Nos aseguraremos de que usted y el autor reciban crédito por su propuesta.

Para informes sobre conferencias, otros libros, audiocintas, talleres y programas de capacitación, por favor comuníquese directamente con cualquiera de los autores.

Apoyo para niños y familias

Con el ánimo de fomentar más amor en el mundo, una parte de las utilidades de *Sopa de pollo para el alma de la pareja* será destinada a las siguientes obras de beneficencia.

Durante los últimos 138 años, los **Boys & Girls Clubs of America** (Clubes de niños y niñas de Estados Unidos) han ofrecido a muchachos de Norteamérica un lugar a dónde ir dentro de sus comunidades, así como guía por parte de un equipo de profesionales comprometidos y voluntarios dedicados. Cada club tiene un amplio rango de programas educativos y recreativos con la meta común de ayudar a los jóvenes a que tengan una identificación positiva de sí mismos y a proponerse y alcanzar metas.

Boys & Girls Clubs of America
1230 West Peachtree St.
Atlanta, GA 30309-3447
800-854-CLUB
www.bga.org

La cadena **Children's Miracle Network** (Red Milagro de los Niños) es una organización internacional no lucrativa dedicada a reunir fondos para hospitales infantiles. Los hospitales asociados con CMN se ocupan de cualquier niño con cualquier tipo de aflicción, y aseguran que se les proporcione atención, sin importar la capacidad económica de la familia.

Children's Miracle Network
4525 South 2300 East, Ste. 202
Salt Lake City, UT 84117
801-278-9800
www.cmn.org

837 Princess St., Ste. 302
Kingston, Ontario, Canada K7L 1G8
613-542-7240
HYPERLINK *http://www.cmn.org*

PRASAD Project es una organización internacional no lucrativa de voluntariado dedicada a elevar la calidad de vida de niños y familias que viven en la pobreza. En Estados Unidos, PRASAD proporciona atención dental completa y educación sobre la salud a niños necesitados. PRASAD Project también opera en India y México, ofrece programas médicos de atención oftalmológica para restaurar la vista.

PRASAD
465 Brickman Road
Hurleyville, NY 12747
914-434-0376

¿Quién es Jack Canfield?

Jack Canfield es uno de los expertos líderes en Estados Unidos en cuanto al desarrollo del potencial humano y la efectividad personal. Es un orador dinámico y entretenido, así como un muy solicitado instructor. Jack tiene una maravillosa habilidad para informar e inspirar a las audiencias para alcanzar niveles superiores de autoestima y óptimo desempeño.

Es autor y narrador de varios programas en cintas de video y audio de gran éxito, entre los que se incluyen *Self-Esteem and Peak Performance, How to Build High Self-Esteem, Self-Esteem in the Classroom* y *Chicken Soup for the Soul-Live.* Se le ve con regularidad en programas televisivos como *Good Morning America, 20/20* y *NBC Nightly News.* Jack ha sido coautor de numerosos libros, incluyendo la serie de *Caldo de pollo para el alma, Dare to Win* y *El factor Aladino* (Editorial EDIVISION)(todos con Mark Victor Hansen), *100 Ways to Build Self-Concept in the Classroom* (con Harold C. Wells) y *Heart at Work* (con Jacqueline Miller).

Como conferencista Jack se presenta con regularidad ante asociaciones profesionales, distritos escolares, agencias gubernamentales, iglesias, hospitales, organizaciones de ventas y corporaciones. Entre sus clientes se encuentran la Asociación Dental Americana, American Management Association, AT&T, Campbell Soup, Clairol, Domino's Pizza, GE, ITT, Hartford Insurance, Johnson & Johnson, Million Dollar Roundtable, NCR, New England Telephone, Re/Max, Scott Paper, TRW y Virgin Records. Jack también está en la facultad de Income Builders International, una escuela para empresarios.

Jack dirige un programa anual de ocho días llamado Training of Trainers en las áreas de autoestima y desempeño máximo, que atrae a educadores, asesores, consejeros de padres, capacitadores corporativos, oradores profesionales, ministros y otras personas interesadas en desarrollar sus habilidades para hablar en público y dirigir seminarios.

Para mayor información sobre los libros, cintas y programas de entrenamiento de Jack, o para contratarlo para una presentación, por favor comuníquese a:

Self-Esteem Seminars
P.O. Box 30880 • Santa Barbara, CA 93130
teléfono: 805-563-2935 • fax: 805-563-2945
página Web: *http://www.chickensoup.com*

¿Quién es Mark Victor Hansen?

Mark Victor Hansen es un orador profesional que, durante los últimos veinte años, ha efectuado más de cuatro mil presentaciones para más de dos millones de personas en 32 países. Sus presentaciones abarcan temas como: estrategias y excelencia en ventas; desarrollo y capacitación de personal, y cómo triplicar el ingreso y duplicar el tiempo libre.

Mark ha dedicado toda una vida a la misión de lograr una diferencia profunda y positiva en las vidas de las personas. A lo largo de su carrera ha inspirado a cientos de miles de personas para crearse un futuro más poderoso y con fines determinados, al mismo tiempo que estimula la venta de artículos y servicios por millones de dólares.

Mark es un escritor fecundo, autor de *Future Diary, How to Achieve Total Prosperity* y *The Miracle of Tithing*. Es coautor de la serie *Sopa de pollo para el alma, Dare to Win* y *El Factor Aladino* (todos con Jack Canfield) y *The Master Motivator* (con Joe Batten).

Mark también ha producido una biblioteca completa de programas en cintas de video y audio para el mejoramiento personal que han permitido a sus oyentes reconocer sus propias habilidades innatas y utilizarlas en su vida personal y en sus negocios. Su mensaje lo ha convertido en una personalidad de gran popularidad en radio y televisión, y se ha presentado en ABC, NBC, CBS, HBO, PBS y CNN. Asimismo, ha aparecido en la portada de numerosas revistas, entre ellas, *Success, Entrepreneur* y *Changes*.

Mark es un gran hombre con un corazón y un espíritu afines que son fuente de inspiración para todo aquel que busca mejorar.

Para más información sobre Mark comunicarse a:

MVH & Associates
P.O. Box 7665
Newport Beach, CA 92658
teléfono: 714-759-9304 y 800-433-2314
fax: 714-722-6912
página Web: *http://www.chickensoup.com*

¿Quién es Barbara De Angelis?

Barbara De Angelis, doctora en filosofía, es reconocida en el ámbito internacional como una de las expertas de más renombre en los temas de relaciones humanas y desarrollo personal. Como autora de éxito, personalidad popular televisiva y conferencista motivadora con gran demanda, ha llegado a millones de personas de todo el mundo con su mensaje positivo sobre amor, felicidad y búsqueda de significado en la vida.

Barbara es autora de nueve éxitos de librería, de los que se han vendido más de cuatro millones de ejemplares, publicados en veinte idiomas. Su primer libro, *How to Make Love All the Time,* fue un éxito nacional. Sus siguientes dos libros *Secrets About Men Every Woman Should Know* y *Are You the One for Me?,* fueron el número uno en la lista de éxitos del *New York Times* durante meses. Su cuarto libro, *Real Moments,* también resultó ser, de la noche a la mañana, un éxito del *New York Times,* y a continuación apareció *Real Moments for Lovers.* Sus libros más recientes son *Passion, Confidence, Ask Barbara* y *The Real Rules.*

Barbara apareció semanalmente durante dos años en CNN como experta en relaciones en Newsnight, proporcionando consejo vía satélite en todo el mundo. Ha sido anfitriona de su propio programa diario de televisión por CBS y de su propio programa de mesas redondas en Los Ángeles. Asimismo, ha sido huésped frecuente en *Oprah, Leeza, Geraldo* y *Politically Incorrect.* El primer infomercial de televisión de Barbara, *Making Love Work,* que ella misma escribió y produjo, ganó varios premios y es el programa sobre relaciones de más éxito en su tipo. Lo utilizan medio millón de personas por todo el mundo.

Barbara fue la fundadora y directora ejecutiva de Los Ángeles Personal Growth Center durante doce años. Obtuvo su maestría en psicología en la Universidad Sierra de Los Ángeles, y su doctorado en psicología en la Universidad Columbia Pacific de San Francisco. Barbara es conocida por compartir con su auditorio su vitalidad, ternura, humor y presencia inspiradora.

Para mayor información sobre los libros y cintas de Barbara, o para contratarla para una presentación, por favor comuníquese a:

Shakti Communications
12021 Wilshire Boulevard, Suite 607
Los Angeles, CA 90025
800-682-LOVE
e-mail: *shakti97*@aol.com

¿Quiénes son Mark y Chrissy Donnelly?

Un matrimonio que ejemplifica el tipo de pareja amorosa que estos relatos de *Sopa de pollo* describen, Mark y Chrissy Donnelly comenzaron su vida marital con la determinación de pasar tanto tiempo juntos como les fuera posible, tanto en el trabajo como en el tiempo libre. Mark narra cómo, durante su luna de miel en Hawai, planearon decenas de formas para dejar sus trabajos que los mantenían separados y empezar a trabajar jun-tos en proyectos significativos. Recopilar un libro con historias sobre parejas amorosas fue una de las ideas.

Respecto al proyecto *Alma de la pareja*, Mark y Chrissy aseguran que se unieron todavía más gracias a la experiencia de conocer a otras parejas amorosas y leer sus relatos, incluso los cientos que no fueron seleccionados para el libro final. Como resultado, los Donnelly ahora luchan para minimizar el tiempo que pasan separados y siguen aprendiendo nuevas formas de practicar el amor y el compromiso en su vida diaria.

Colaboradores activos para el éxito de la serie *Sopa de pollo*, Mark y Chrissy trabajan en la actualidad en otros cuatro títulos de *Sopa de pollo: para el alma de los golfistas, de los padres, de la familia* y *de los amigos.* Mark también es presidente de The Donnelly Marketing Group, que lleva el mensaje de *Sopa de pollo* a gente de todo el mundo a través de proyectos especiales. Mark fue vicepresidente de mercadeo en el exitoso negocio de materiales de construcción de su familia. Chrissy fue contadora pública en Price Waterhouse.

La pareja estableció su hogar en Paradise Valley, Arizona. A Mark y Chrissy se les puede localizar en:

3104 E. Camelback Rd., Suite 531 • Phoenix, AZ 85016
teléfono: 602-604-4422 • fax: 602-508-8912
e-mail: *soup4soul@home.com*

Colaboradores

Varios de los relatos que aparecen en este libro fueron tomados de fuentes publicadas con anterioridad, como libros, revistas y periódicos. Estas fuentes reciben reconocimiento en la sección de permisos. No obstante, la mayoría de los relatos fueron escritos por humoristas, comediantes, conferencistas profesionales y presentadores de talleres. Si usted desea ponerse en contacto con ellos para obtener información sobre sus libros, cintas de audio o video, seminarios y talleres, puede localizarlos en las direcciones y números telefónicos que a continuación proporcionamos.

Los demás relatos fueron una aportación de lectores de nuestros libros anteriores de *Sopa de pollo para el alma* que respondieron a nuestra solicitud de relatos. También incluimos información sobre ellos.

Susan Ager es columnista de estilos de vida del *Detroit Free Press,* y escribe sobre las selecciones que hace la gente. Ha estado casada durante trece años con el mismo hombre, y ha visto a muchos amigos y miembros de su familia luchar por unirse en matrimonio y luego desunirse. Se le puede localizar en 600 W. Fort, Detroit, MI 48266 o por correo electrónico en *ager@freepress.com.*

Laura Jeanne Allen tiene como lema "sigue sonriendo". Estudia periodismo en la Universidad de Missouri-Columbia, y reside en Rochester, Nueva York. "Shmily" está dedicado a su finada abuela, Alice McAndrews, y a todos aquellos cuyas historias son ignoradas. Un agradecimiento especial a sus "admiradores números uno y dos" y al individuo especial con quien comparte un alma de pareja. A Laura se le puede localizar en *laurabeans @hotmail.com.*

Karen Corkern Babb vive en Baton Rouge, Louisiana, con su esposo Barry y su pelirrojo de cinco años, Collin Gabriel. Es la directora ejecutiva de la Asociación de Museos de Louisiana. Karen cuenta con una licenciatura en artes, en historia del arte, de la Universidad Estatal de Louisiana, y una maestría en artes, en ciencias museográficas con especialidad en administración, de la Universidad Tecnológica de Texas. Ha tenido diversos puestos museográficos durante su carrera, pero el más reciente fue en el Museo West Baton Rouge como su primera directora profesional. Los últimos cinco años han sido memorables y le han proporcionado muchas experiencias de aprendizaje mientras la familia lucha contra el cáncer de su esposo. Su lucha ha tenido éxito y la historia de la enfermedad de su padre y la última despedida de sus padres siempre le hacen recordar que debe estar agradecida de que su propio último adiós todavía no se ha dado.

Maggie Bedrosian es propietaria de un negocio y asesora ejecutiva; se especializa en ayudar a la gente a producir, de manera fácil y natural, resultados enfocados. Es autora de tres libros, entre ellos, *Life Is More Than Your To-Do List: Blending Business Success with Personal Satisfaction.* Maggie fue presidenta de la American Society for Training and Development en Washington, D.C., y también presidió el Writing/Publishing Group de la National Speakers Association. Puede comunicarse con Maggie llamando al 301-460-3408.

Carole Bellacera ha publicado su trabajo en revistas y periódicos como *Woman's World, Endless Vacation* y *The Washington Post.* Su primera novela, *Border Crossings*, estará a la venta en mayo de 1999 por Forge Books.

Thelda Bevens es profesora de inglés de secundaria, está jubilada, tiene setenta años de edad y vive en Bend, Oregon. Es madre de dos hijos y abuela de siete. Después de cuarenta y siete años de matrimonio, perdió a su esposo, Darwin, en 1993, por cáncer. Thelda escribió su dolorosa jornada recuerdo por recuerdo. Después de un par de años de dolor y curación, Thelda es feliz y está agradecida por haber comenzado a vivir de nuevo, con su esposo Wayne Wiggins.

Don Buehner es negociante independiente y reside en Salt Lake City, Utah, con su esposa Susan y su hijo de seis meses, Teancum. Don tiene maestría en administración de empresas. Este relato está dedicado a su hija, Cesca Alice, 1994-1997. A Don se le puede encontrar por correo electrónico en *donbuehner@allwest.net.* o en 2584 N. SR 32, Marion, UT 84036, teléfono: 435-783-6734, fax: 435-783-6736.

Katharine Byrne es viuda de un superintendente escolar de Chicago, madre de cinco y abuela de nueve. Es autora de más de cincuenta ensayos que han sido publicados en periódicos y revistas. En la actualidad es asistente legal de una de sus hijas.

Diana Chapman ha sido periodista durante catorce años, ha trabajado para periódicos como *San Diego Union, Los Angeles Copley Newspapers* y *Los Angeles Times.* Se especializa en historias de interés humano y trabaja en la actualidad en un libro con temas sobre la salud, ya que en 1992 se le diagnosticó esclerosis múltiple. Ha estado casada durante nueve años y tiene un hijo, Herbert "Ryan" Hart. Se le puede localizar en P.O. Box 414, San Pedro, CA 90733 o llamando al 310-548-1192.

Shari Cohen es autora de once libros publicados para niños y adultos jóvenes, y también escribe sobre la vida familiar. Sus artículos aparecen en muchas revistas para mujeres y periódicos de cobertura nacional. Shari publicó recientemente en *Sopa de pollo para el alma de las madres.* Vive en Woodland Hills, California, con su esposo Paul y sus tres adolescentes, Barry, Adam y Stephanie. Se le puede encontrar en P.O. Box 6593, Woodland Hills, CA 91365.

Ann W. Compton es contadora en Pulliam Investment Company, Inc. Después de la muerte de su esposo se inscribió en la universidad, donde tomó algunas clases de redacción y coeditó el periódico del campus. Posteriormente colaboró en el boletín interno de un asilo local y escribió "La espera" para mostrar la importancia de asistir tanto a los pacientes como a quienes acuden a cuidarlos. Se le puede localizar en 116 Compton Dr., Wellford, SC 29385 o llamando al 864-439-8305.

Karen Culver es autora de viarias novelas románticas. Otorga a sus padres el crédito de su habilidad para escribir sobre relaciones comprometidas y amorosas. Se le puede localizar vía correo electrónico en *KayCee101@juno.com.*

Maxine M. Davis nació en Salem, Oregon. En 1953 se graduó en la escuela de enfermería del Good Samaritan Hospital y fue directora de operación de cuartos en Blue Mountain Hospital de 1953 a 1954. Maxine se casó con Harold en 1954 y tuvieron dos hijos, Jacqueline y Julie. Se dedicó a su hogar y a sus hijos durante diez años y regresó a la enfermería en 1965. Trabajó en operación de cuartos en el Centro Médico Southern Oregon, y se retiró en junio de 1994 como directora de servicios quirúrgicos. Maxine ha sido parte de las siguientes organizaciones: Association of Operating Room Nurses, Coalition for Kids, Citizens Review Board, Rotary International y Northwest Medical Teams. Tiene cinco nietos.

T. Suzanne Eller es madre de Leslie, Ryan y Melissa, todos adolescentes. Ella y Richard celebraron su aniversario número diecinueve el año pasado. Ha sobrevivido al cáncer de mama siete años, ha realizado su sueño de ser escritora independiente, con buena aceptación, y ha aparecido en diversas revistas y publicaciones periódicas.

Bonnie Furman es una profesional en los negocios, ha sido administradora en seguros y propietaria de un negocio de atención a mascotas. En la actualidad es consultora de empleos. Vive en el hermoso noroeste delimitado por el Pacífico y le gusta caminar, el ciclismo y la jardinería. Su pasión por la naturaleza y los animales la ayuda a mantenerse relacionada con lo que en verdad importa en la vida. Bonnie se encuentra en 2446 1st. Ave. W, Seattle, WA 98119 o por correo electrónico en *Bfurman@ seanet.com.*

Ken Grote es nativo de Florida, tiene cuarenta y ocho años y ha estado casado veintinueve con su esposa Joan. Tienen dos hijos adultos. Siempre le ha gustado escribir y hablar con la gente y considera que lo hace bien, ya que muchas personas que lo conocen por primera vez lo encuentran accesible. Ken ha escuchado relatos de personas que van desde sus primeros días en la escuela hasta intentos fallidos de suicidio, y asegura que si recibiera un dólar por cada ocasión que escucha a alguien decir: "No puedo creer que le esté narrando todo esto a usted", se podría jubilar... aunque no lo haría. A Ken le gusta escuchar los relatos que le narran y escribir al respecto.

Nick Harrison es escritor y editor, vive con su esposa, Beverly, en Eureka, California. Sus libros incluyen *Promises to Keep: Daily Devotions for Men Seeking Integrity* y *365 WWJD? Daily Answers to "What Would Jesus Do?"*. El refrigerador de los Harrison contiene tanto Best Foods Mayonnaise como Kraft Miracle Whip.

Justin R. Haskin tiene veinte años, es alumno de primer año en Macalester College, en St. Paul, Minnesota, juega beisbol, escribe para el periódico de la escuela y planea asistir a la escuela de derecho. Asimismo, tiene la intención de escribir un libro en el futuro y es firme creyente del poder del espíritu humano y la voluntad del ser decidido. Le gustaría expresar su amor incondicional por su madre, "la persona más fuerte que yo haya conocido", y le gustaría mostrar su agradecimiento a aquellas personas especiales que han moldeado su vida. Y decirle a su padre: "Te extraño". Se le puede encontrar en 1600 Grand Ave., St. Paul, MN 55105.

Thom Hunter es autor, orador y escritor independiente orientado hacia asuntos familiares; confiere humor a la realidad. Sus libros incluyen *Those Not-So-Still Small Voices* y *Like Father, Like Sons... and Daughters, Too.* Thom y Lisa tienen cinco hijos, Zach, Russell, Donovan, Patrick y Lauren, y viven en Norman, Oklahoma. Comuníquese con Thom a: 405-329-6773 o por fax: 405-278-4628 o por correo electrónico: *TH2950@sbc.com.*

Patsy Keech sigue buscando nuevas alegrías en la vida como madre de Connor. Es conferencista motivadora, maestra creativa y amante de la vida. Después de la muerte de Derian, Patsy y su esposo, Robb, fundaron Spare Key Foundation, una organización que ofrece apoyo a padres de niños gravemente enfermos. Trabajar juntos ayudando a otras familias ha transformado el aislamiento del dolor y ha involucrado a Patsy y a Robb juntos en una pasión benéfica. Puede encontrar más sobre Spare Key en *www.SpareKey.org.* "El regalo de amor de Derian" es un extracto del próximo libro de Patsy, *Mothering an Angel.* Patsy se encuentra en P.O. Box 612, S. St. Paul, MN 55075, teléfono: 612-451-2487, o por correo electrónico: *Pkeech@SpareKey.org.*

Lilian Kew es analista financiera con una maestría de administración de empresas en finanzas internacionales. También es consejera en seminarios de desarrollo humano y está involucrada en actividades locales de beneficencia porque considera que hay que dar algo a cambio a la comunidad.

Laura Lagana, enfermera diplomada y enfermera diplomada en ortopedia, escritora, consultora y oradora profesional. Es miembro de la National Speakers Association, Liberty Bell Speakers Association, Asociación Americana de Enfermeras, Asociación de Enfermeras del Estado de Pennsylvania y de la Asociación Nacional de Enfermeras de Ortopedia. Laura trabaja con personas que quieren sentirse mejor y con organizaciones que quieren empleados excepcionales. Se le puede localizar en Success Solutions, P.O. Box 7816, Wilmington, DE 19810 o llamando al 302-475-4825. Correo electrónico: *Nurseangel@juno.com*; su dirección en página Web: *http://www.angelfire.com/de/llagana.*

Lorraine Lengkeek creció en una granja en Dakota del Sur y cuando se casó se mudó a Michigan. Tiene cinco hijos, quince nietos, un bisnieto y otro en camino. Lorraine fue una madre hogareña y luego cuidó a sus quince nietos, lo que la mantuvo muy ocupada.

Jacklyn Lee Lindstrom es de la amistosa población de Savage, Minnesota, y hace poco se retiró de la inexorable competencia de la fuerza de trabajo. Por fin pudo concentrarse en sus dos amores, escribir y pintar. Ha publicado en *Sopa de pollo para el alma de las madres* y en *First for Women.* Le gusta escribir sobre el lado ligero de la vida en familia porque, como dice, después de criar niños, caballos y perros, las sonrisas duran más que las lágrimas y las arrugas que producen son mejores. Se le puede localizar en 13533 Lynn Ave. S, Savage, MN 55378 o llamando al 612-890-9333.

Ray L. Lundy es ministro, poeta y conferencista motivador que escribe artículos para revistas y una columna semanal para un periódico local. También ha escrito un libro inspirador titulado *Special Heroes.* A Ray se le puede encontrar en P.O. Box 217, Fair Bluff, NC 28439 o llamando al 910-649-7178.

David A. Manzi es abogado en Charlotte, Carolina del Norte. Está casado con Patricia Mary Manzi, directora de recursos humanos de Mecklenburg County EMS. Su hija, Marisa Lyn Manzi, es aspirante a doctora en filosofía en la Universidad de Alabama. A David se le puede encontrar en 1216 Greylyn Dr.,

Weddington, NC 28104 o llamando al 704-814-4929.

Jann Mitchell es articulista y escritora de crónicas especiales para el periódico de Portland *The Oregonian.* Escribe las columnas "Relating", "Living Simply" y "Popping the Question". También es autora de la serie *Sweet Simplicity* (Beyond Words Publishing), que incluye *Love Sweeter Love: Creating Relationships of Simplicity and Spirit* y *Home Sweeter Home: Creating a Haven of Simplicity and Spirit.* Es una oradora popular, conocida por su buen humor y discernimiento; su taller más popular es Simplifying Your Life (Cómo simplificar su vida). A Jann se le puede contactar en 503-221-8516.

Cynthia C. Muchnick realizó sus estudios para obtener su grado de pasante en la Universidad de Stanford donde conoció a su esposo actual, Adam. En unas vacaciones de primavera, en las que ella y Adam visitaban París, Adam exteriorizó la ominosa pregunta que encendió el interés de Cindy por coleccionar relatos de propuestas matrimoniales y escribir *Will You Marry Me? The World's Most Romantic Proposals* seguido de *101 Ways to Pop the Question.* Es experta y consejera en compromisos, y trabaja como columnista y vocera de la revista *Honeymoon.* Su obra más reciente, *The Best College Admission Essays,* es un libro para que los estudiantes de secundaria se preparen para pasar por los procesos de admisión a la universidad. Para ponerse en contacto con ella sobre sus libros o para programar una conferencia, envíele un correo electrónico a: *MarryMe123@aol.com.* o llame al 949-644-4135.

Marguerite Murer es oradora profesional, educadora y la asistente ejecutiva del presidente del club de beisbol Rangers de Texas. Al combinar sus antecedentes educativos con su muy especial experiencia en el beisbol, Marguerite inspira y da energía a sus audiencias para subirse a la base y batear un jonrón. Marguerite puede ser localizada en 5515 Ridgetown Cir., Dallas, TX 75230, teléfono: 972-233-5238, o en el correo electrónico: *mmurer@ texasrangers.com.*

Margie Parker ha vivido en Florida durante más de cuarenta años, sin enmohecerse, lo cual debe ser un récord. Tiene tres hijos adultos, maravillosos, ingeniosos y trabajadores. El ho-

gar Parker consta en la actualidad de la autora, un gato capri-
choso, un perro labrador negro, numerosos pececillos siempre
en reproducción y su esposo Jim, para quien fue escrito
"Amor sin palabras".

Daphna Renan es en la actualidad alumna de Yale College. Se
mudó seis veces antes de entrar al sexto grado, y fue durante
estos primeros años que aprendió lo que significa la amistad
profunda y duradera. Daphna quisiera mostrar su agradecimiento a todos aquellos que le han colmado la vida de amor,
risas y aprendizaje.

Joanna Slan es una conferencista profesional que motiva y edi-
fica, cuyos trabajos aparecen en otros cuatro libros de *Sopa de
pollo para el alma*. Maravillosa narradora de cuentos, Slan exalta
lo sagrado de lo ordinario. Es autora de *Using Stories and Humor: Grab Your Audience* y *I'm Too Blessed to be Depressed*. Para
solicitar un catálogo o programar una plática de grupo con
Joanna, llame al 888-BLESSED (253-7733) o por correo electrónico en *JoannaSlan@aol.com*.

Bryan Smith es reportero del *Chicago Sun-Times,* y frecuente
colaborador de la revista *Reader's Digest*. Graduado en 1989 de
la Universidad de Maryland, el señor Smith ha sido honrado
con diversos premios para escritores, incluso distinciones por
escritos sobre crónicas de parte de: American Association of
Sunday and Feature Editors, Amy Foundation, Virginia Press
Association y Oregon Newspaper Press Association. El *Sun-
Times* ha nominado su obra para el premio Pulitzer.

Roxanne Willems Snopek vive en Abbotsford, Columbia Bri-
tánica. Su vida gira alrededor de tres fabulosas hijas que estudian
en casa, su esposo veterinario, tres gatos, dos cacatúas con cabeza amarilla y un galgo. Prepara a estudiantes como asistentes
de veterinaria, escribe siempre que puede y le encanta una buena historia de amor. Escriba por correo electrónico a Roxanne
en *5alive@bc.sympatico.ca*.

Elizabeth Songster ha sido copropietaria con su hermano de
un negocio durante dieciocho años. Allied Micro-Graphics es un
despacho de servicios de imágenes documentales y administración de información. Asistió a la Universidad de New Hampshire
y obtuvo un certificado para instruir a padres. Tal vez su espo-

so Daniel, el hijo de éste, Chris, y los tres hijos de ella, Clint, Richard y Jeb, la hayan superado en número, pero ella sigue siendo "quien manda". Elizabeth ha escrito desde la secundaria y es autora de una serie de libros infantiles. En la actualidad trabaja con su hermana en un libro de cocina con las recetas griegas de su familia. La experiencia de su esposo en el cañón, "Grabado en su corazón", fue un increíble ejemplo para todos sus hijos de un acto de amor desinteresado, así como un ejemplo de romanticismo. Comuníquese con los Songster a 23522 Cavanaugh Rd., Lake Forest, CA 92630 o llamando al 949-768-0783.

Barbara D. Starkey tiene sesenta y dos años de edad, es viuda, madre de dos hijas y dos hijos, y abuela de siete nietos. Es la directora general de Union County Advocate en Morganfield, Kentucky. Sus pasatiempos favoritos son decorar pasteles, escribir, las artes manuales, coser y los nietos. En el pasado, Barbara fue propietaria de centros de atención diurnos, así como de una pastelería; también fue corredora de bienes raíces, de seguros y subastadora.

LeAnn Thieman es autora y oradora aclamada en toda la nación. Miembro de National Speakers Association, LeAnn inspira audiencias a vivir de verdad sus prioridades y a equilibrar sus vidas física, mental y espiritualmente, al mismo tiempo que ayudan a cambiar al mundo. Es coautora de *This Must Be My Brother,* un libro que narra su papel en el arriesgado rescate de trescientos bebés durante el aerotransporte de huérfanos de Vietnam. Para solicitar información sobre sus libros, cintas y presentaciones, comuníquese a 112 N. College, Fort Collins, CO 80524, teléfono: 800-877-THIEMAN, online: *www.LeAnnThieman.com.*

Kim Lonette Trabucco y su familia residen en Maine. Es mejor conocida como "Señora Kim", y por lo general se le encuentra de voluntaria en salones de clase o escribiendo libros infantiles. En la actualidad busca ese "gran golpe" que la mayoría de los nuevos escritores espera. Con libertad escríbale a P.O. Box 260, Portland, ME 04114.

Dorothy Walker nació en Dover, New Hampshire. Se casó con Harold Bean Walker y celebraron cincuenta y dos años de unión matrimonial. Recibieron la bendición de nueve hijos y Dorothy, de dos nietos hijastros, David y Burton Walker. Sus hijos son

Pam, Harold Jr., Judy, John, Kerry, Steve, Richard, Syrene y Doretta. Dorothy educó a su nieta Sally, ya que su hija Pam murió en un accidente automovilístico. Dorothy vive de la seguridad social, y cuando los amigos y familiares le preguntan cómo puede sobrevivir con su cheque semanal, sonríe y les recuerda que, de casada, vivían bastante bien con treinta y cinco dólares a la semana.

David L. Weatherford, doctor en filosofía, es psicólogo infantil y escritor independiente. Escribe poemas, canciones y ensayos sobre el amor, las relaciones, cómo vencer la adversidad y cuestiones espirituales. En la actualidad trabaja en su segundo libro, en el que examina el papel del sufrimiento en la vida. Aunque David extrae de muchas fuentes sus variados relatos, su mejor amiga y compañera del alma, Laura, inspira sus románticos poemas. Puede encontrar a David en 1658 Doubletree Ln., Nashville, TN 37217.

Bob Welch es el editor de crónicas del periódico *The Register-Guard* de Eugene, Oregon, y autor de *A Father for All Seasons* (Harvest House). Ha sido publicado en *Reader's Digest, Sports Illustrated* y *Focus on the Family.* A Bob se le puede encontrar en 409 Sunshine Acres Dr., Eugene, OR 97401 o por correo electrónico en *bwelch1@concentric.net.*

Jeannie S. Williams es frecuente colaboradora de los libros *Caldo de pollo.* Es escritora que inspira, oradora que motiva y maga profesional. Dirige el desarrollo dinámico de equipo, paternidad y hace presentaciones a estudiantes usando su "magia" como herramienta de enseñanza. Jeannie es fundadora y presidenta de los talleres de redacción creativa "Unlock the Magic" y ha entretenido a audiencias durante años con su propia mezcla especial de creatividad y humor. En su libro más reciente *What Time Is Recess?* comparte la magia de trabajar con niños. Sus tres nietas, Tate, Kalli y Jayci llenan todos los días su vida con magia. A Jeannie se le puede encontrar en P.O. Box 1476, Sikeston, MO 63801.

Permisos

Nos gustaría agradecer a las siguientes casas editoriales y personas el permiso para reimprimir el siguiente material. (Nota: los relatos anónimos, del dominio público o que fueron escritos por Jack Canfield, Mark Victor Hansen, Barbara De Angelis, Mark Donnelly o Chrissy Donnelly no están incluidos en esta lista).

Pensando en ti (Thinking of You). Reimpreso con permiso de Alicia von Stamwitz. © 1998 Alicia von Stamwitz.

Alguien que me cuida (Someone to Watch Over Me). Reimpreso con permiso de Sharon M. Wajda. © 1998 Sharon M. Wajda.

Hambriento de tu amor (Hungry for Your Love). Reimpreso con permiso de Herman y Roma Rosenblat. © 1998 Herman y Roma Rosenblat.

Shmily (Shmily). Reimpreso con permiso de Laura Jeanne Allen. © 1998 Laura Jeanne Allen.

Una historia de amor irlandesa (An Irish Love Story). Reimpreso con permiso de George Target. © 1998 George Target.

¿Malva o vino apagado? (Berry Mauve or Muted Wine?). Reimpreso con permiso de T. Suzanne Eller. © 1998 T. Suzanne Eller.

Una suave caricia (A Gentle Caress). Reimpreso con permiso de Daphna Renan. © 1998 Daphna Renan.

Una prueba de fe (A Test of Faith). Reimpreso con permiso de Bryan Smith. © 1998 Bryan Smith.

Mercancía deteriorada (Damaged Goods). Reimpreso con permiso de Joanna Slan. © 1998 Joanna Slan.

La profecía de la galleta de la fortuna (The Fortuna Cookie Prophecy). Reimpreso con permiso de Don Buehner. © 1998 Don Buehner.

Desnudarse por amor (Streaking for Love). Reimpreso con permiso de Carole Bellacera. © 1998 Carole Bellacera.

Limonada y una historia de amor (Lemonade and a Love Story). Reimpreso con permiso de Justin R. Haskin. © 1998 Justin R. Haskin.

Una segunda oportunidad (A Second Chance), Dónde aterriza el amor (Where Love Lands) y *¿De verdad existe un príncipe encantado? (Is There Really a Prince Charming?)*. Reimpresos con permiso de Diana Chapman. © 1998 Diana Chapman.

Salvé la vida de mi esposo (Saving My Husband's Life). Reimpreso con permiso de Lorraine Lengkeek. © 1998 Lorraine Lengkeek.

Sólo marca el 911 (Just Dial 911). Condensado de *101 Ways to Pop the Question* y *Will You Marry Me? The World's Most Romantic Proposals*. Reimpreso con permiso de Cynthia C. Muchnick y Marie y Michael Pope. © 1998 Cynthia C. Muchnick y Marie y Michael Pope.

¿Que cómo te amo? (How Do I Love Thee?). Reimpreso con permiso de Lilian Kew. © 1998 Lilian Kew.

La buenaventura (The Well Wisher). Reimpreso con permiso de Katharine Byrne y America Press, Inc., 106 West 56th St., Nueva York, NY 10019. Originalmente publicado en Estados Unidos.

Amor sin palabras (Love Unspoken). Reimpreso con permiso de Margie Parker. © 1998 Margie Parker.

Inseparable (Inseparable). Reimpreso con permiso de Susan Ager. © 1998 Susan Ager.

El registro (The Scorecard). Reimpreso con permiso de Marguerite Murer. © 1998 Marguerite Murer.

Él nos comunicó (Getting Connected). Reimpreso con permiso de Thom Hunter. Condensado de su libro *Those Not-So-Still Small Voices*. © 1995 Thom Hunter.

Papeles invertidos (Reverse Roles) y *Detrás de todo gran hombre hay una gran mujer (Behind Every Great Man Is a Great Woman)*. Condensados de *The Best of Bits & Pieces*. Reimpresos con permiso de The Economics Press, Inc. 1-800 526-2554.

Una situación apretada (A Tight Situation). Reimpreso con permiso de Barbara D. Starkey. © 1998 Barbara D. Starkey.

La guerra de las mayonesas (The Mayonnaise War). Reimpreso con permiso de Nick Harrison. © 1989 Nick Harrison.

El regalo de amor de Derian (Derian's Gift of Love). Reimpreso con permiso de Patsy Keech. © 1998 Patsy Keech.

Grabado en su corazón (Engraved in His Heart). Reimpreso con permiso de Elizabeth Songster. © 1998 Elizabeth Songster.

Zapatos tenis nuevos (New Sneakers). Reimpreso con permiso de Kim Lonette Trabucco. © 1998 Kim Lonette Trabucco.

Ámame con ternura (Love Me Tender). Reimpreso con permiso de Jacklyn Lee Lindstrom. © 1998 Jacklyn Lee Lindstrom.

Una leyenda de amor (A Legend of Love). Reimpreso con permiso de LeAnn Thieman. © 1998 LeAnn Thieman.

Pertenecer (Belonging). Reimpreso con permiso de Bob Welch. © 1998 Bob Welch.

Alguien a quién tener (Someone to Have). Reimpreso con permiso de Maxine M. Davis. © 1998 Maxine M. Davis.

Y tomó una fotografía (Taking Pictures). Reimpreso con permiso de Ken Grote. © 1998 Ken Grote.

El guiño (The Wink). Reimpreso con permiso de Karen Culver. © 1998 Karen Culver.

Las botitas rojas (The Little Red Boots). Reimpreso con permiso de Jeannie S. Williams. © 1998 Jeannie S. Williams.

Un lazo inquebrantable (An Unbreakable Bond). Reimpreso con permiso de Jann Mitchell. © 1998 Jann Mitchell.

Miércoles (Wednesdays). Reimpreso con permiso de David A. Manzi. © 1998 David A. Manzi.

Joven por siempre (Forever Young). Reimpreso con permiso de Shari Cohen. © 1998 Shari Cohen.

Todavía te amo (I Still Love You). Reimpreso con permiso de Geoffrey Douglas. © 1998 Geoffrey Douglas.